思想的・睿智的・獨見的

經典名著文庫

學術評議

丘為君 吳惠林 宋鎮照 林玉体 邱燮友
洪漢鼎 孫效智 秦夢群 高明士 高宣揚
張光宇 張炳陽 陳秀蓉 陳思賢 陳清秀
陳鼓應 曾永義 黃光國 黃光雄 黃昆輝
黃政傑 楊維哲 葉海煙 葉國良 廖達琪
劉滄龍 黎建球 盧美貴 薛化元 謝宗林
簡成熙 顏厥安（以姓氏筆畫排序）

策劃 楊榮川

五南圖書出版公司 印行

經典名著文庫

學術評議者簡介（依姓氏筆畫排序）

- 丘為君　美國俄亥俄州立大學歷史研究所博士
- 吳惠林　美國芝加哥大學經濟系訪問研究、臺灣大學經濟系博士
- 宋鎮照　美國佛羅里達大學社會學博士
- 林玉体　美國愛荷華大學哲學博士
- 邱燮友　國立臺灣師範大學國文研究所文學碩士
- 洪漢鼎　德國杜塞爾多夫大學榮譽博士
- 孫效智　德國慕尼黑哲學院哲學博士
- 秦夢群　美國麥迪遜威斯康辛大學博士
- 高明士　日本東京大學歷史學博士
- 高宣揚　巴黎第一大學哲學系博士
- 張光宇　美國加州大學柏克萊校區語言學博士
- 張炳陽　國立臺灣大學哲學研究所博士
- 陳秀蓉　國立臺灣大學理學院心理學研究所臨床心理學組博士
- 陳思賢　美國約翰霍普金斯大學政治學博士
- 陳清秀　美國喬治城大學訪問研究、臺灣大學法學博士
- 陳鼓應　國立臺灣大學哲學研究所
- 曾永義　國家文學博士、中央研究院院士
- 黃光國　美國夏威夷大學社會心理學博士
- 黃光雄　國家教育學博士
- 黃昆輝　美國北科羅拉多州立大學博士
- 黃政傑　美國麥迪遜威斯康辛大學博士
- 楊維哲　美國普林斯頓大學數學博士
- 葉海煙　私立輔仁大學哲學研究所博士
- 葉國良　國立臺灣大學中文所博士
- 廖達琪　美國密西根大學政治學博士
- 劉滄龍　德國柏林洪堡大學哲學博士
- 黎建球　私立輔仁大學哲學研究所博士
- 盧美貴　國立臺灣師範大學教育學博士
- 薛化元　國立臺灣大學歷史學系博士
- 謝宗林　美國聖路易華盛頓大學經濟研究所博士候選人
- 簡成熙　國立高雄師範大學教育研究所博士
- 顏厥安　德國慕尼黑大學法學博士

經典名著文庫149

透過法律的社會控制

Social Control through Low

（美）羅斯科・龐德 Roscoe Pound 著
沈宗靈 譯

經典永恆・名著常在

五十週年的獻禮・「經典名著文庫」出版緣起

總策劃 楊榮川

五南，五十年了。半個世紀，人生旅程的一大半，我們走過來了。不敢說有多大成就，至少沒有凋零。

五南忝爲學術出版的一員，在大專教材、學術專著、知識讀本出版已逾壹萬參仟種之後，面對著當今圖書界媚俗的追逐、淺碟化的內容以及碎片化的資訊圖景當中，我們思索著：邁向百年的未來歷程裡，我們能爲知識界、文化學術界做些什麼？在速食文化的生態下，有什麼值得讓人雋永品味的？

歷代經典・當今名著，經過時間的洗禮，千錘百鍊，流傳至今，光芒耀人；不僅使我們能領悟前人的智慧，同時也增深加廣我們思考的深度與視野。十九世紀唯意志論開創者叔本華，在其〈論閱讀和書籍〉文中指出：「對任何時代所謂的暢銷書要持謹慎的態度。」他覺得讀書應該精挑細選，把時間用來閱讀那些「古今中外的偉大人物的著作」，閱讀那些「站在人類之巔的著作及享受不朽聲譽的人們的作品」。閱讀就要「讀原著」，是他的體悟。他甚至認爲，閱讀經典原著，勝過於親炙教誨。他說：

「一個人的著作是這個人的思想菁華。所以，儘管一個人具有偉大的思想能力，但閱讀這個人的著作總會比與這個人的交往獲得更多的內容。就最重要的方面而言，閱讀這些著作的確可以取代，甚至遠遠超過與這個人的近身交往。」

爲什麼？原因正在於這些著作正是他思想的完整呈現，是他所有的思考、研究和學習的結果；而與這個人的交往卻是片斷的、支離的、隨機的。何況，想與之交談，如今時空，只能徒呼負負，空留神往而已。

三十歲就當芝加哥大學校長、四十六歲榮任名譽校長的赫欽斯（Robert M. Hutchins, 1899-1977），是力倡人文教育的大師。「教育要教眞理」，是其名言，強調「經典就是人文教育最佳的方式」。他認爲：

「西方學術思想傳遞下來的永恆學識，即那些不因時代變遷而有所減損其價值的古代經典及現代名著，乃是眞正的文化菁華所在。」

這些經典在一定程度上代表西方文明發展的軌跡，故而他爲大學擬訂了從柏拉圖的《理想國》，以至愛因斯坦的《相對論》，構成著名的「大學百本經典名著課程」。成爲大學通識教育課程的典範。

歷代經典．當今名著，超越了時空，價值永恆。五南跟業界一樣，過去已偶有引進，但都未系統化的完整舖陳。我們決心投入巨資，有計畫的系統梳選，成立「經典名著文庫」，希望收入古今中外思想性的、充滿睿智與獨見的經典、名著，包括：

- 歷經千百年的時間洗禮，依然耀明的著作。遠溯二千三百年前，亞里斯多德的《尼各馬科倫理學》、柏拉圖的《理想國》，還有奧古斯丁的《懺悔錄》。
- 聲震寰宇、澤流遐裔的著作。西方哲學不用說，東方哲學中，我國的孔孟、老莊哲學，古印度毗耶娑（Vyāsa）的《薄伽梵歌》、日本鈴木大拙的《禪與心理分析》，都不缺漏。
- 成就一家之言，獨領風騷之名著。諸如伽森狄（Pierre Gassendi）與笛卡兒論戰的《對笛卡兒沉思錄的詰難》、達爾文（Darwin）的《物種起源》、米塞斯（Mises）的《人的行爲》，以至當今印度獲得諾貝爾經濟學獎阿馬蒂亞·

森（Amartya Sen）的《貧困與饑荒》，及法國當代的哲學家及漢學家余蓮（François Jullien）的《功效論》。

梳選的書目已超過七百種，初期計劃首爲三百種。先從思想性的經典開始，漸次及於專業性的論著。「江山代有才人出，各領風騷數百年」，這是一項理想性的、永續性的巨大出版工程。不在意讀者的眾寡，只考慮它的學術價值，力求完整展現先哲思想的軌跡。雖然不符合商業經營模式的考量，但只要能爲知識界開啓一片智慧之窗，營造一座百花綻放的世界文明公園，任君遨遊、取菁吸蜜、嘉惠學子，於願足矣！

最後，要感謝學界的支持與熱心參與。擔任「學術評議」的專家，義務的提供建言；各書「導讀」的撰寫者，不計代價地導引讀者進入堂奧；而著譯者日以繼夜，伏案疾書，更是辛苦，感謝你們。也期待熱心文化傳承的智者參與耕耘，共同經營這座「世界文明公園」。如能得到廣大讀者的共鳴與滋潤，那麼經典永恆，名著常在。就不是夢想了！

二〇一七年八月一日　於

五南圖書出版公司

導讀

中國文化大學法律系特約講座教授　王寶輝

羅斯科・龐德（Roscoe Pound）是二十世紀初葉舉世知名的美國法學家及法學教育家，一八七〇年十月二十七日出生於美國內布拉斯加州林肯郡（Lincoln, Nebraska）。原在家鄉內布拉斯加州立大學修習植物學，一八八八年取得植物學學士學位後翌年即取得植物學碩士學位，當法官的父親鼓勵他去哈佛大學修習法律，在哈佛只念了一年，旋即轉學西北大學法學院就讀，一八九〇年取得法律學位，同年通過律師考試，返回內布拉斯加州執行律師業務，仍繼續植物學的研究，一八九八年獲得植物學博士學位。

龐德獲得植物學學位，並未朝植物學方面發展，而是換了跑道奔向法學之林，自一八九九年至一九〇七年在內布拉斯加州立大學講授法律，一九〇三年任該校法學院院長。期間，尚在一九〇〇年協助組織內布拉斯加州律師公會，一九〇一年被任命爲該州最高法院臨時上訴法官，協助清理積案。未在哈佛取得學位的龐德，一九一〇年短期任教於芝加哥大學後，自一九一一開始應聘哈佛法學院教席，並於一九一六年擔任哈佛法學院院長至一九三六年，世人給這位法學教育家加了一個「Dean」的頭銜，尊稱龐德爲「Dean Pound」。一九三六年辭去哈佛法學院院長，一九三七年哈佛授予龐德得在校內任何學術單位授課的「巡迴教授職位」（Roving Professorships），其後十一年間龐德即在哈佛各學術教育單位講授法律及其他古典課程。

一九四六年七月龐德應中華民國政府禮聘到南京考察法制，一九四七年一度返回美國，辭去哈佛三十六年教學生涯，再赴中國繼續其司法改革顧問的任務至一九四八年十一月，對中國法制改革提出宜延續採大陸法制之建言。返國後，自一九四九年任教加州大學洛杉磯分校法學院至一九五二年辭去斯職。一九五五年又回到哈佛繼續其法學研究，於一九六四年六月三十日在馬薩諸塞州劍橋與世長辭，享年九十三歲。世紀法學巨擘逝世，舉世哀悼，台灣中央日報特加報導。

取得植物學學位的龐德，雖未以植物學爲其志業，但卻以其植物學的學術背景，吸納同在內布拉斯加大學任教的社會學教授羅斯（Ross）及當代美國社會學家瓦德（L. F. Ward）社會學的理論，而在法學領域大放異彩。龐德從自然現象及社會現實生活觀察法律的演進、運作及其社會效應，對十九世紀法律實證主義機械適用法律大加抨擊爲機械法學（Mechanical

Jurisprudence），於一九〇五年在其執業的內布拉斯加律師公會發表題爲〈普通法的精神〉（*The Spirit of The Common Law*）的演講，翌年一九〇六年又在全美律師協會（American Bar Association. ABA）年會專題演講〈公眾對司法不滿的原由〉（*The causes of Popular Dissatisfaction with the Administration of Justice*），痛責司法裁判過度保護極端個人主義，忽略社會利益及公眾的正義感情，除提出法律社會化的理念外，並主張法律應跟著社會變遷的腳步調整。龐德在其一九二三年出版的名著《法律史觀》（*Interpretations of Legal History*）開宗名義即指出「法貴乎固定，惜不得常駐」（Law must be stable and yet it cannot stand still），並主張法律是一種社會工程（Social Engineering），法學正係一門社會科學，工程不是一套死板板的知識體系，而是一種程序，一種活動。此與同時期美國知名法官卡魯索（Benjamin Nathan Cardozo, 1870-1938）於一九二一年提出法律的本質爲「司法過程」（Judicial Process），法律如同旅遊者應隨時爲明日的旅程做準備的理念，匯流爲時代法律思潮。其反對法律形式主義，投向社會實情，強烈主張法律的適用及司法裁判應呼應時代理念、滿足社會的需求，不得有違背社會正義感情的態度，正係二十世紀初葉反對十九世紀法律實證主義機械適用法律的寫照。

龐德反對十九世紀法律實證主義但問邏輯不顧社會正義感情機械適用法律的理念，蔚爲當代美國法律思潮，與美國法律唯實運動（Legal Realism movement）的觀點雷同。然而龐德在一九一一年提出的社會法學理論，降至三〇年代備受攻擊，龐德與荷姆斯（Oliver Wendell Holmes Jr. 1841-1935）、李維林（Karl Liewellyn, 1893-1962）等美國法律唯實運動健將爲文互相攻擊，公認爲二十世紀初葉美國法學盛事。其中值得一提者，乃龐德與法蘭克（Jerome Frank, 1889-1957）間有關司法裁判本質，究竟爲客觀主義（Objectivism）或主觀主義（Subjectivism）之論戰。龐德主張司法裁判就個案得透過客觀的社會法則邏輯推演導出裁判的結果，而法蘭克卻認爲司法裁判乃純由法官個人主觀偏好定奪，亦即司法裁判視法官個人人格因素而定，同一案件可能因法官個人人格特質及其主觀心理傾向之差異而作出不同的裁判結果。

龐德於一九〇六年在全美律師協會公開演講抨擊社會大眾對司法不滿時指出，司法裁判應顧及社會公共利益及法律的社會功能時，已預告世人，社會法學含苞待放了。五年後，一九一一年即在哈佛法學評論發表

〈社會法學的範疇及目的〉（*The Scope and Purpose of Sociological Jurisprudence*），創立了以法律社會功能爲特色的社會法學。龐德社會法學的創建，一方面承接十九世紀後半葉歐陸反實證主義思潮之一的社會哲學派（Social Philosophical Schools）法學思想，諸如新黑格爾（Neo-Hegelian）學派代表人物柯勒（Josef Koher, 1849-1919）觀察法律與社會歷史的發展指出，法律史爲文化史的一部分，法律爲文化的表徵，對於法律的形成、適用及發展進行社會學的解釋。另一方面採擷法國社會學家孔德（Comte, 1798-1857）、狄驥（Leon Duguit, 1859-1928）、涂爾幹（Durkheim）等社會分工、社會聯立的理論，尤其涂爾幹有關重視社會秩序的維護端賴社會控制的論點，法律的運作應具有調整公私利益的功能。龐德著眼於法律社會功能的思維，一九五一年巴頓（Paton）另以功能學派（Functional School）稱之。

《透過法律的社會控制》是龐德繼一九二三年提出法律社會工程概念之後，於一九四二年將社會學上的「社會控制」導入法律概念的法學創見。而對於近代社會學提出的社會控制功能，約在二千三百年前的中國思想家荀況（約313-238，B.C）在《荀子．禮論》篇即有如此之描述：「禮起於何也？曰：人生而有欲，欲而不得，則不能無求，求而無度量分界，則不能不爭。爭則亂，亂則窮。先王惡其亂也，故制禮義以分之，以養人之欲，給人之求。使欲必不窮乎物，物必不屈於欲，兩者相持而長，是禮之所起也。」一九二一年龐德在其《法律哲學導論》（*An Introduction to the Philosophy of Law*）名著中即指出，法律源於抑制個人私欲確保穩定的社會秩序之需求，並作為調整各種社會利益不斷變遷的方法手段。社會控制乃社會群體為維持社會的存在及促進社會的繁榮，對於社會成員有系統且持續地強制或鼓勵，促使每一個社會成員之行為符合社會期待，及對違反規範之行為加以制裁。社會控制過程包括社會規範及價值觀的內化（Internalization）、個人行為的社會化（Socialization）及對於違反社會規範的行為加以制裁的措施。龐德將社會學上的社會控制概念注入法律的內涵，甚至欲將一切社會規範（包括法律）統一於社會控制概念之中，可見，龐德提出透過法律的社會控制，不妨反過來觀察，是以社會控制透視法律。

何謂法律？二千多年來為西方哲學家、法學家爭論不休，始終難以獲得正確或者說具有說服力的答案，以社會控制定義法律，正係龐德頗為特殊的法學創見。龐德指出自然法思想在理性主義盛行的十八世紀，對法律哲學思維起了理想因素的啓示，但不認爲世間可能存在一種放諸四海皆準，行之萬世不變的法律。龐德承接了柯勒社會學的解釋，認爲法律與特定社會的文明間有其對應關係，人類文明具有普世的價值，法律不僅是文明的產物，而維護文明及促進文明的發展，正係法律的重要社會功能。法律人未將一切社會控制視爲法律，而社會學家又將法律與其他社會控制加以區隔爲不同之社會控制，龐德則將社會控制注入法律的內涵，或者說以社會控制定義法律。

黑格爾（G.W.F Hegel,1771-1831）指出「理性」爲人類歷史朝向合理化演進的無限動力，所謂「存在就是合理」。龐德觀察人類文明發展的歷程，引伸社會學社會控制的概念，認爲以理性爲基礎的社會控制維護並促進了文明，是人類對外在的或物質自然界，以及隨時可以加以控制的內在的或人類本性的最大限度的控制，也就是人類能量不斷地朝向更加完善發展的境界。在社會生活中，人們假定不被侵害，也不會侵犯他人，是理性的展現，正是一種文明社會的象徵。對於得以保持、促進並傳承文明社會，即係對人類內在本性的控制，也就是透過社會控制始得以持續傳承的，對每個人強加心理壓力，使其善盡本分維護文明社會。龐德觀察人類文明的發展歷程，提出維持社會秩序的態樣，可以包括道德、宗教及法律。上述規範人類社會行爲態樣，一方面可以從制約人的行爲的外在或物理現象觀察，另一方面從人的內在或人性觀察。是宗教儀式、道德規範以及國家立法，均在於規範人的社會行爲於一定之秩序狀態，並積極促進文明的發展。

龐德將人類文明與社會控制加以連結，甚至以社會學的社會控制概念描述人類文明的特質。社會學上的社會控制，乃在描述社會組織團體對於個人給予心理壓力使其行爲符合社會期待的措施，而龐德則認爲社會文明是人類能量不斷地更加完善的發展，是人類對外在的或物質自然界及對人類內在的或人類本性，隨時得爲最大限度的控制。以正常人持之理性的態度對比以利害考量的壞人理論，認爲社會控制乃建立在理性的基礎上，透過政治組織社會的強制力進行社會控制的運作，排解並調和各種互相衝突及重疊的人類需求與任務，從而維護了社會秩序，使人們得以在此般秩序中維護文明並促進文明的發展。

龐德描述原始社會即存在維持血族團體秩序的社會控制，套用其植物學的用詞稱之爲「法律胚胎學（Embryology of Law）」。早期的血族社會，以內部紀律、倫理習慣及宗教組織爲其社會控制的方法，十六世紀政治組織逐漸取代教會支配地位後，國家透過法律實踐社會控制，國家法律取代了基督教經文、教會教規，社會控制世俗化了，法律成爲主要之社會控制，並以強制力支撐其社會控制之力道。龐德特別援引十九世紀德國法學家耶林（Rudolf von Jhering, 1818-1892）所描述的，欠缺強制力的法律，猶如「不亮之燈、不燃之火」（A light that lights not, a fire that burns not）。

社會控制無非是社會團體維持社會秩序給予其成員一種具有強制作用的心理壓力，龐德使用社會控制一詞，自承係受到內布拉斯加大學同事社會學教授羅斯的指引，透過政治組織社會的強制力，以維持社會秩序，包括透過立法程序的法律，或經由司法裁判過程的司法造法，或其他由司法裁判機關採納爲裁判依據的任何規範、習慣或血族團體、宗教組織及各種團體協會的內部紀律，皆可納入社會控制的範疇。透過立法程序制定的法律，並非維持社會秩序保護並促進文明的唯一方法。龐德於一九四二年提出以「社會控制」將上開維持社會秩序的概念統一起來的觀點，循至一九五九年出版五大冊《法理學》（*Jurisprudence*）總結其畢生法學論述時，仍以社會控制列入所謂法律科學的範疇，持之未渝。

人欲無窮，定分止爭，本係社會控制或法律的社會功能。龐德引伸耶林對於個人在社會生活中享有的利益，應加以承認保障，並限制其範圍，由法律就社會生活利益作出規定，經法律加以承認，並以法律之力保護的社會生活利益，是所謂法益，就是權利的概念。

龐德將法律應保護的生活利益，從觀察角度不同區分爲：個人私益（Individual Interest）、公共利益（Public Interest）及社會利益（Social Interest）。此三種利益並不互相排斥，例如私有財產的保護、行使公權、社會秩序的維護、保障家庭、宗教、政治及經濟各種社會制度、維護公序良俗等等，既是公共利益、社會利益，也是人人可以享有的個人利益，法律應善加保護。龐德的利益論，即係一種利益調和理論，但其抨擊十九世紀過度保護個人利益，而提出法律社會化（Socialization of Law），並具體列出十二項法律社會化的內涵。龐德在二十世紀初葉提出的法律社會化理念，並非從天而降，自地冒出的空論，此一立論乃其創建的社會法學的核心論點，迄今仍對世界法制發生深遠的影響，斯乃二十世紀文明社會的特質，例如中華民國民法第一百四十八條規定權利的行使不得違反公共利益，即其適例。

龐德提出的法律社會化，與社會學上社會化的概念指謂不同，社會學家所謂的社會化，係社會成員的社會行爲逐漸融入其所處社會一般正常人社會行爲的過程，例如孩童在成長過程中對於家庭、學校及其他社會的價值觀行爲模式等等學習或同化過程，就是社會化的典型。而龐德提出的法律社會化，重在法益保護的社會化，也就是權利保護的社會化。細繹龐德提出十二項法律社會化的內涵，不難窺知多在限制個人權利行使、限制契約自由、禁止反社會行爲、強調無過失責任及社會利益保護的優位等，法律社會化，無非就是法律運作的社會功能，如何達成法律社會化的理想，則屬一種社會工程，端賴立法尚嫌不足。

法律社會化固在反擊十九世紀過度保護極端個人主義，對於各種相互衝突或重疊的利益如何加以調和，應建立利益評價的準則，而如何建立價值準則，也是法律科學所不能迴避的課題。龐德著眼於各種法令的實際制定、發展及適用提出三種方法，即：從法令實務運作的經驗中進行調和，依照特定社會文明提出法律假設進行評價，以及以公認的傳統性權威觀念處理價值標準。龐德旁徵博引，指出法律秩序不能停頓下來，而法律思維應朝向客觀化及具體化，並主張各部門社會科學不應各行其事，而應將法律作爲整個社會控制過程的一部分進行研究。龐德此項主張，迎合法學應朝向法律與邊際科學的研究態度，認爲這是一種文明的理想，一種把人類能量擴張到盡可能最高程度的思想，即容許競爭也容許合作的理想。價值標準，並非來自於法律的假設，或來自公認的權威性理念，而係法院從實務經驗中發現並以理性爲基礎發展調整關係及安排行爲的各種方式，使其在最少的阻礙及浪費的情況下給予整個利益設想以最大的效果。總之，價值標準是相對性的，隨著特定社會之生活環境及時代理念，從生活經驗中，以人類理性調和各種生活利益，隨機建立相對性的價值標準。

龐德以社會控制注入法律內涵的創見，雖迄今未被法律人全盤接受，而維持社會秩序的方法，除透過立法程序制定的法律，依然仰賴立法以外的其他社會控制方式的運作，調和各種重疊或衝突的生活利益，厥爲不斷上演，乃不爭的事實。正如龐德所描述的，供爲法院執爲裁判的依據，或政府各部門行政機關引爲處理行政事務裁決的依據，以及其他維持社會秩序的各種方法，一併納入法律的概念，這不就是透過法律踐行社會控制的眞諦嗎？

目次

導讀／王寶輝
第一章　文明和社會控制……1
第二章　什麼是法律？……31
第三章　法律的任務……57
第四章　價值問題……91
索　引……121
羅斯科・龐德年表……135

第一章　文明和社會控制

[1] 據說威廉·詹姆士[1]曾經說過，任何一個問題的最大敵人就是這一問題的教授們。他這樣說，是指的像醫藥和法律這類實際活動。在這些實際活動中，從事實際業務的人不斷地與生活和自然界的事實保持接觸。他從經驗裡得出他的觀念，而且必須經常加以改變，並改造他的理論，使其適合於必須應用這些理論的事實。另一方面，教授卻從其他人的關係中去認識那些生活和自然界的事實，並且假定這些東西都是別人給予他的。他從這些事實中進行概括並整理出各種概念和理論來，然後再從中推論出更多的概念和理論；根據這些事實，他建立起一套頑強的、違反生活和自然界事實的和非常固執的教義，並企圖使生活和自然界符合他的理論模型。對於我們從事各門社會科學的人，這種看法包含著一個警告。僅拿我自己的專門領域來說，當我們

[2] 回顧過去時，我們見到五十年以前的法官和律師在關於法律的業經證明具有重要意義的運動裡，完全走在法學家和法學教師前面，這肯定是千眞萬確的事實。那時法律科學到處落後於立法和司法判決的實際進程。當法律科學一

1 威廉·詹姆士（William James，一八四二－一九一〇年），美國實用主義首創人之一。——譯者注

有實際影響時，它就起阻礙作用。我們今天對於上一代涉及社會立法的司法判決感到不滿的大部分東西，就代表了當時所教授的最時新的法理學科學。來自各種未被承認的、部分被承認的、未被保障的或未被充分保障的利益的壓力，往往使十九世紀的眞正法律完全走在當時法學理論的前面。

組成一個法律體系的那部分法令（precept），包含兩種成分，一種是命令性成分，一種是傳統性成分。前者是立法者的創作。哲學家通常對立法者提供指導。但是他多半認爲自己賦有一種支配的權力。傳統性成分是經驗的產物。在古羅馬，它是從法學家在解答關於法庭上實際爭訟的各項問題的經驗中產生的。在我們的法律中，它是從法院判決案件的經驗中和法官們從有記錄的司法經驗中努力去尋找對具體爭端中出現的新問題進行判決的原則中產生的。因而，我們就有作爲命令的法律，還有在經驗的基礎上作爲對正義的確定和陳述的法律。它們各自謀求建立正義的法令，所以，它們各自都受某種理想的支配。在十八世紀以及在我國的十九世紀前期，自然法理論曾爲立法機關和法官提供這種理想。這是對一切民族、一切時代和一切地方都具有普遍效力的一整套理想法令的理論，這批理想法令來自關於一個理想的人打算做和不打算做、打算主張和打算承認別人主張的觀念，並且是基於純粹理性而得出來的。

在羅馬法的古典時代以及在十七、十八世紀歐洲和美國的法律中，哲學作爲在自然法支配下的法律的指導處於全盛時期。每一本法律著作都有一篇哲學性的導言，而重大的法案往往有一段哲理性的序言。但是除開這個理論所遇到的哲學上的困難以外，自然法不能使自己成爲制定和發現法律的一個有用的工具。當自然法自稱是理想的和普遍的並來自普遍理性的東西時，正像我一向慣於說的，它事實上是一種實在的自然法，而不是自然的自然法。它是對一定時間和地點的實在法的一種理想化翻版，所以在實際上，這就使法律提供對它本身的批判。例如，當英國人在檳榔嶼建立了一個法院，而且必須對一個沒有法律的社會執行司法時，有人認爲這個法院應受自然法的支配。可是當樞密院司法委員會的韋斯特伯里勳爵[2]就這個法院的一起上訴案

[4]

2 韋斯特伯里勳爵（Lord Westbury，一八〇〇—一八七三年），英國大法官。——譯者注

件適用自然法時，其結果是，普遍的自然法甚至在細節上都是和英國法律一模一樣的。

在十九世紀後期，隨著自然法的崩潰，特別在英語世界裡，我們曾企圖不要哲學。事實是，某些法令雖爲法院所適用，但其後盾則是法院院長和他 [5] 的下級部屬。這些法令蓋有國家的金製印章，並爲政治組織社會的強力所支持。這就是我們能夠依靠的東西了。這些法令乃是純粹的法律事實。科學的法學家對於凡是沒有這種金製印章和不爲強力所支持的任何東西，一概不加以考慮。但是法院和律師一定會告訴我們，這種純粹的法律事實是一種幻想。他們不能忽視法律中的一種理想成分，即使法學家業已將它丟開不管。當人們要求法院就各種具有同等權威的論證作出發點進行選擇時，當人們要求法院解釋一項法令的本文時，當人們要求法院將一個標準適用於行爲時，法院就離開法學家的純粹法律事實，而使他們的決定去適應一個理想。因此在本世紀開始時，自然法就必然恢復，雖然並不是始終用這一名稱，而且這一次也並沒有給我們一個關於理想法令的普遍法典。現在自然法的任務不是 [6] 給我們一批理想的普遍立法，而是給我們一種對實在法中的理想成分的鑑定。即使絕對的理想不能被證實，這種鑑定可以確定和陳述出一定時間和地點的社會理想，並且使它成爲對各種論證、解釋和適用標準的出發點進行選擇的尺度。就像有人講過的，我們可以有一種內容正在起著變化或形成著的自然法。

因此，在本世紀前期，就出現了法律哲學的復興。大約在同時，孔德[3]在百年前所創立的社會學，即關於社會的科學，已在各門社會科學中取得了它的地位，而法律社會學也與各種社會法律哲學一起出現。但是學者們在這方面進行工作時，同樣太缺乏對司法所必須處理的各種問題的知識，而且往往對各種法律體系傳統成分中所陳述的、由理性所發展的經驗缺乏掌握。因而，我們就不得不發展一種哲學的法律科學，即哲理法學，和一種社會學法學。我們求助於哲學、倫理學、政治學和社會學，但只是在那些被認爲是法學的問題上求助。我們研究一切意義上的法律，把它當作廣義的關於社會的

[7]

3 孔德（Auguste Comte，一七九八—一八五七年），法國實證主義哲學家，社會學創始人。——譯者注

科學的一個很專門的方面。

哲理法學理論曾被視爲解決一定時期的特殊問題的辦法，然後給予普遍的形式並使其用在任何地方的法律秩序的一切問題上。我們所要的並不是一種企圖削足適履地強使法律適合於它的體系的法律哲學，也不是一種陷於方法論之中的、企圖透過證明它具有自己的可以測定一切社會生活現象的專門方法，來爲一門關於社會的科學進行辯護的法律社會學，我們所要的不過是一種知道如何利用哲學的社會學和一種知道如何利用社會哲學和哲學社會學的社會學法學。

回顧一下這一世紀的四十多年以前，我們見到已經有了很多成就。施塔姆勒[4]復活了法國人的所謂法律上的唯心主義。如果說他並沒有爲我們解決問題，他卻向我們指出了問題所在。他力圖使我們意識到實在法中的理想成

4 施塔姆勒（Rudolf Stammler，一八五六—一九三八年），德國法學家，新康德主義法學首創人。——譯者注

分並力圖建立關於它的理論，而十九世紀的自然法曾力圖加以批判；這正像在施塔姆勒以前康德曾力圖建立一些立法的原則，而康德的前輩卻力圖找出一部普遍的法典一樣。狄驥[5]給了我們一種關於這一世紀初城市工業社會的理論，作爲今天法律的理想成分的理論；他的理論是一種社會學的自然法。他設想法律中的每樣東西都是從一個「權利和法律」的基本原則獲得效力，並根據同一基本原則來加以判斷。他繼孔德之後力求透過觀察得出上述原則，並透過進一步的觀察來加以證明。事實上，他是按照涂爾幹[6]關於社會分工的著作來進行他的觀察。今天狄驥並不像過去那樣時髦了，但他曾起了有益的影響。蓋尼[7]向我們表明了實在法中技術成分的重要性，並給了我們一種關於理想成分的新經院主義哲學理論。他的《私法實在法中的科學和

---

5 狄驥（Léon Duguit，一八五九—一九二八年），法國法學家，社會連帶主義法學首創人。——譯者注

6 涂爾幹（Emile Durkheim，一八五八—一九一七年），法國早期社會學家，曾在其主要著作之一《社會分工論》中宣揚社會連帶主義學說。——譯者注

7 蓋尼（François Gény，一八六一—一九四四年），法國法學家。——譯者注

技術》一書並沒有得到應有的重視。這本書論述到我認爲是法學的一個根本問題，即評價利益的尺度，它還論述到爲前一世紀的分析法學所忽視的法律的兩種成分，而且他都以一種嶄新的和啟發的方式來對待它們。奧里烏[8]給了我們一種關於組織的理論，這些組織是今天社會中社會控制的重要手段。在我看來，他的理論，一種新經院主義哲學的團體主義，歸根結底在試圖解釋和建立起一種關於成爲今天社會中最活躍的集團，即勞工組織的理論；而在英語世界裡，這些勞工組織無論在使用法律外的強力（當國家被認為具有對強力的壟斷）時，還是控制政治組織社會的強力來達到它們的目的時，都正在成爲占統治地位的要素。他所稱的各種各樣團體——即一些與某一時候的人物無關而一直存在的事物，它們的某些活動是不包括它們的人物在內而組織起來的，並且它們還設立了自己的權力機關和程序——這些每一個都在實現著自己觀念的各式各樣的團體將代替一大群個人，其中每一個人都在一種永不終止的實際的或潛在的衝突或競爭中運用他的意志，康德曾力圖對這

[9] [10]

8 奧里烏（Maurice Hauriou，一八五六—一九二九年），法國法學家，首創團體法學。——譯者注

種衝突或競爭加以安排。重要的是，我們在這裡有了一種從個人以外去尋找單位的理論，同樣重要的是，當這一問題正擠滿在私法中時（甚至在公法具有私法觀點傳統的英語世界中也是如此），上述理論已很廣泛地為公法作者們所接受。在這以前，埃利希[9]已向我們證明了作爲法律秩序基礎的各種關係、集團、聯合以及它們之間的內在秩序在社會中的重要意義。他關於各種關係、集團和聯合的內在秩序的這一觀念，應該與經濟決定論者們眼中的社會統治階級強加意志的看法加以比較。他關於包含在組成人類社會的各種關係和聯合中的各種社會事實的複合體這一概念，應該與狄驥在一個經濟秩序中所觀察到的和檢驗過的社會相互依賴關係的事實加以比較。他關於他所聲稱的活的法律對各種概括和公式的反應的觀念，以及他關於那些不再反應重要關係與聯合的內在秩序的各種法令和公式的觀念，應該與只看到個別法官的個人行爲傾向的懷疑論現實主義者的見解加以比較。他爲社會學的比較法或顯然正在發展中的比較社會學法學，作了一個重要的開端。

9 埃利希（Eugen Ehrlich，一八六二—一九二二年），奧地利法學家，歐洲社會學法學首創人之一。——譯者注

把埃利希和奧里烏與古代的和十九世紀的觀念加以比較，是有益處的。古羅馬人似乎在有一個時期曾以爲個人是一個集團。他們竟設想只有一個人的家庭。一個人可以是只由他本人組成的一個家庭的paterfamilias（家長）。這當然要回溯到以血親集團爲單位的血親組織社會，古代社會正是從（或不久以前才從）那種社會裡產生的。在一個以個人爲單位的社會裡，我們慣於把集團或聯合認爲是個人的集合體，而在法律上曾把聯合認爲是一個虛構的個人。上一世紀之難以設想集團或聯合，就像古代之難以設想單獨的個人一樣。我們必須再一次想到祁克[10]、埃利希和奧里烏使我們理解，我們必須要再一次想到各種關係、集團和聯合。

其實，馬克思的階級鬥爭理論在同一方向樹立了另一類型的思想。當個人獨立性和自由個人意志的重要意義曾經是十九世紀法律科學的中心思想時，涂爾幹的社會學和狄驥的透過分工的社會相互依賴學說，還爲可以稱爲

10 祁克（Otto Friedrich von Gierke，一八四一—一九二一年），德國法學家。——譯者注

團體秩序的現象的興起指出了方向，而這種秩序又必須與義大利的組合國家觀念加以比較，在組合國家觀念中，法律單位並非個人而是職業集團。所有這一切從不同角度提出的理論，都是普及化了的關於今天都市、工業社會的理論。

這些爲我們描繪出一幅精確的現實社會畫面的企圖，必然要導向對作爲實在法一部分的公認理想進行哲學批判。爲了使理想成爲與我們調整關係和安排行爲的那些問題有關的畫面，上述的那些企圖是必要的。當其中的某一種企圖或取而代之的某一種同類的企圖成爲公認的、權威性的畫面，傳統式地教給法律工作者們，爲這一專業並因而也爲法官和行政官吏所接受時，它就將暫時成爲實在法中的理想成分了。看一看那些用來充當法律秩序的理想和作爲法律中的一種理想成分而得到具體體現的那些社會秩序的理想，看看它們如何隨著它們所描繪的社會秩序的變化而逐漸地變化著，這是很有啟發意義的。中世紀法律在親屬關係組織的社會中起著作用，法律的目的似乎是在這一社會中和諧一致地維護社會現狀。

自由競爭式的自我主張，在中世紀社會裡，就像在希臘城邦的社會裡一樣，是不能立足的。在親屬組織的封建社會崩潰後很久，人們還可以見到這一類社會的理想繼續存在。在十六世紀以後，一種自由競爭式的獨立個人的社會理想，隨著近代經濟秩序的發展而慢慢成長起來，並在法學思想和法律傳統中代替了起源於古代並在中世紀建立起來的理想。這種較新的理想在十九世紀得到了充分的發展。誠然，它的最大限度的個人自由的自我主張概念，被康德表述爲我們後來所稱的法律正義。但在上一世紀結束以前，在那一世紀的公認理想中所描繪的那個社會已經開始轉變，而那種理想也就慢慢地（雖然是頑強地）退出歷史舞臺了。

全世界的法律現在正處在一種困難的情況下，這種困難說明了三十年來對於各種法律制度和法律正義所進行的許多公開的攻擊。人們對法律不滿意並且願意嘗試一下不要法律的治理，因爲他們感到，（正如有的人所說的）法律一直沒有合法地運行。特別在應付許多新問題和力圖保障一個正在變化的經濟秩序中許多新產生的迫切利益方面，法律不符合人們對它的期望。這種情況產生於公認的理想對今天法院所受理的各種衝突的和重疊的利益不能提供滿意的調整。對這樣一幅畫面——自足的個人處在經濟上自足的近鄰關係中並且在以自由競爭式的占有爲基礎的經濟秩序中與他的鄰人自由地進行著競爭，我們當然是不滿意的。這種理想在上一世紀占有支配地位，它很容易適應一個墾荒式的、鄉村的和農業的社會。我們完全知道這不是今天社會的眞實畫面，可是我們看不到用來代替舊畫面的那個社會的精確畫面。也許變化還沒有達到我們能夠描繪出新畫面的程度，因而新的法律問題如何解決還沒有頭緒。人們對政治組織社會的強力放任自流。既然沒有權威性的理想來指導這種強力，行使強力也就成了憑個人意願、成見和偏愛辦事的事情——這些正是法律力圖壓抑的東西。強力統治試圖擔當法律統治的工作。縱使我們傾向於給予十九世紀最後年代裡所實行的法律統治以壞的評價，我們也不能不看到，它對文明所做出的成就比今天強力統治對文明正在做出的要多得多。

爲了說明爲什麼我要從法律的理想成分這方面來探討法律，以及爲什麼我要從文明的觀念、從作爲維護文明之方法的社會控制的觀念和從法律作爲社會控制的一種手段或一個方面（從這個字眼的一種意義上說）的觀念出

[15] [16]

發，上面這個稍爲冗長的引言似乎是必要的。

不論我們把文明看作事實還是觀念。我認爲它是各門社會科學的出發點。有人曾經說過，文明是使人類力量得到最大可能的展現。因此，就有一種過程、一種由這一過程迄今帶領我們到達的狀況，以及一種關於這一過程及其所導致狀況的觀念。但是這種提出問題的方法，對於這一代人來說，太像黑格爾所用的方式了。因此，不如讓我們說，文明是人類力量不斷地更加完善的發展，是人類對外在的或物質自然界和對人類目前能加以控制的內在的或人類本性的最大限度的控制。文明的這兩個方面是相互依賴的。如果不是由於人們所已達到的對內在本性的控制，他們就難以征服外在的自然界。如果人們必須隨時武裝自己並經常害怕受到攻擊；如果沒有這樣一個假設，即：在文明社會中，人們必須能假定其他人不會故意侵犯他們，必須能假定那些從事某種行爲的人在其行爲中將適當注意以免給其他人帶來遭到損害的不合理危險，那麼曾使物質自然界的許多東西有可能被控制起來供人類之用的研究、試驗和調查，就不可能進行了。但是，如果沒有對物質自然界已經達到的那種控制，今天生活在世界上的龐大人口也就不可能存身了。

因而人們對內在本性的控制，使人們得以繼承這個世界並保有和增加他們所繼承的東西。各門社會科學必須研究這種對內在的或人類本性所取得的支配力——它究竟是什麼，它是怎樣產生的，以及最重要的是，它是怎樣得以保 [18] 持、促進和流傳的。

這種支配力是直接透過社會控制來保持的，是透過人們對每個人所施加的壓力來保持的。施加這種壓力是爲了迫使他盡自己本分來維護文明社會，並阻止他從事反社會的行爲，即不符合社會秩序假定的行爲。社會控制的主要手段是道德、宗教和法律。在開始有法律時，這些東西是沒有什麼區別的。甚至在像希臘城邦那樣先進的文明中，人們通常使用同一個詞來表達宗教禮儀、倫理習慣、調整關係的傳統方式、城邦立法，把所有這一切看作一個整體；我們應該說，現在我們稱爲法律的這一名稱，包括了社會控制的所有這些手段。混淆不清到了如此程度，以致在相傳是柏拉圖的一次對話中，蘇格拉底被弄成將一本花匠的手冊說成庭園藝術的法律，將一本烹調手冊說成烹調術的法律，因爲花匠和廚師的傳統規則與祭司、道德家、法官和立法者這樣一些有權宣佈城邦習慣的人的傳統規則，在種類上是一樣的。我們所 [19]

稱的輿論，就是倫理習慣的一種近代形式，它是組織在各種各樣的自願聯合之中的。當倫理發展的結果產生了道德體系時，就出現一種法律發展的階段，在這個階段中，人們試圖將法律和道德等同起來，使一切道德戒律本身也成爲法令。有組織的宗教，在這個發展的主要手段中是相當重要的一個。在文明史的一段很長時期內，它負擔了大部分的社會控制。很多早期的法律，接收了各種宗教制度和宗教戒律，並用國家的強力加以支持。在英國早期的法律，我們發現有一個盎格魯·撒克遜的國王，像對基督教徒那樣勸告他的人民保持和平，而不是像對臣民那樣命令他們。當西羅馬帝國崩潰後，教會在大約六個世紀內是社會控制的主要手段；而在中世紀後期，教會法庭和教會法律，與國家的法院同等地分掌對調整關係和安排行爲的管轄權。法律中的理想成分，今天與宗教仍有密切的關係，當代的一個重要法學家就告訴我們說，他認爲哲學不能給我們以我們所需要的價值尺度，我們必須仰賴於宗教。

在近代世界，法律成了社會控制的主要手段。在當前的社會中，我們主要依靠的是政治組織社會的強力。我們力圖透過有秩序地和系統地適用強力，來調整關係和安排行爲。此刻人們最堅持的就是法律的這一方面，即法律對強力的依賴。但我們最好記住，如果法律作爲社會控制的一種方式，具有強力的全部力量，那麼它也具有依賴強力的一切弱點。而且從十七世紀到上次世界大戰時期國際法的成就說明，某種很像法律的東西，雖沒有任何強力的支持，也能夠獨立存在並證明是有效的。

在一個不以個人爲單位而以血親集團爲單位的血親組織社會中，法律的任務只是在各個好戰集團之間保持和平這樣一個簡單任務。如果一個血親成員傷害了另一成員，就由血親集團的內部紀律來加以處理。如果某一個血親集團的成員傷害了另一個血親集團的成員，就沒有一個共同的上級來調整所產生的爭端。而通常的結果就是血親復仇。最早設計的法律制度，是透過要求被害血親放棄復仇行爲和規定旨在確定事實的機械式的審訊方式，來調節並最終制止私人間的戰爭。這種維持和平制度的觀念，在增加了許多別的職能後，也還是繼續存在。不過這種制度只以有限的社會控制爲它的範圍，大部分社會控制仍留給血親集團的內部紀律、共同體的倫理習慣和宗教組織去處理。可是血親組織作爲社會控制的一個重要手段，實質上已經消失。現在比家庭還大的組織只是由於感情、歷史或社會目的才存在。甚至家庭，在都市生活的條件下，也已失去了紀律上的有效性。少年法院和家庭關係法院已接替了許多一度曾屬於家長的管轄權。法官行使著處理翹課和屢教不改行爲的權力，法院程序代替了舊時父親和兒子之間在家庭裡房內的談話，這種談話以前就是用來教訓翹課兒童，使他們畏懼上帝、父親和員警的。

在血親集團已不再是社會單位很久以後，甚至在政治組織社會已獲得了相當大的發展以後，宗教組織還是社會控制的一個有效手段。古代社會中那些我們現在所稱的法律，往往就是祭司們所宣佈的、並以悔罪和驅逐出虔誠社會等辦法來保證執行的那些戒律。在有法律的早期，很多這種東西都可以由國家接收過來，並由政治組織社會的官員所行使的強力來加以制裁。在英國，直到宗教改革時期；在歐洲大陸的有些地方，直到法國革命時期，都存在一種教會法院和教會法律的體系，它與國家的法院和法律對等地分掌調整關係和安排行爲的職權。從西羅馬帝國覆滅到十二世紀，教會充當了社會控制的前鋒。從一開始起，基督教徒們就被訓誡相互間不要訴諸法律。他們把他們的爭端訴諸作爲當地信徒們監督的主教，由他來告訴他們虔誠的基督教徒在這樣一種場合下應當怎樣行事。從這裡就產生了主教法院和一整套法院的教階體系。不久，以聖經本文、基督教教父著作、宗教會議教規以及教皇的決定和詔諭爲基礎的、供這些法院之用的一套法律，就成長起來，這種法律對我們今天的法律作出了很多頭等重要的貢獻，並且在當時是維護和促進文明一個最重要的手段。但是不管宗教現在還占有多少地位，宗教組織已喪失了它們對人類的權力，社會控制已完全世俗化了。

道德的背後不曾有過這樣有效的組織作爲支持。可是血親集團卻對其行爲爲本親屬帶來恥辱的血親成員加以約束。在羅馬，一種監察道德的權力，開始時屬於作爲羅馬族人家長（羅馬族被當作是一個血親社會）的君主，後來則轉入共和國的法官之手，而且在法律中留下一些殘餘，一直傳到近代世界。縱使這樣一些東西在政治組織社會中已不再存在，可是同業公會、工會、社會團體和兄弟會組織，用它們的各種倫理法典、規章、行爲標準或做什麼和不做什麼的準則，正在日益增加著對個人行爲的控制，雖然都要從屬於國家的法律。

但從十六世紀以來，社會政治組織已經成爲首要的了。它具有，或者要求具有，並且就整個來說事實上保持著一種對強力的壟斷。所有其他社會控制的手段被認爲只能行使從屬於法律並在法律確定範圍內的紀律性權力。英國的法院可以恢復被一個社會團體錯誤地開除出去的人的會員籍。一些法院曾判決過，被信託作爲教會用途的財產，是否是按照教會教義（財產因這種教義而授予）而使用的。家庭、教會和各種團體在一定程度上起著在現代社會中組織道德的作用，它們都是在法律規定限度內活動並服從法院的審查。今天，社會控制首先是國家的職能，並透過法律來行使。它的最後效力依賴於專爲這一目的而設立或遴選的團體、機構和官員所行使的強力。它主要地透過法律發生作用，這就是說，透過被任命的代理人系統的和有秩序的使用強力。

可是，如果假定政治組織社會和它用來對個人施加壓力的法律，對完成目前複雜社會裡的社會控制的任務來說已經綽綽有餘，那是錯誤的。法律必須在存在著其他比較間接的但是重要的手段——家庭、家庭教養、宗教和學校教育——的情況下執行其職能。如果這些手段恰當地並順利地完成了它們的工作的話，那麼，許多本應屬於法律的事情將會預先做好。需要管制的反社會的行爲和與周圍的人們處理得不好的關係，可以透過養育、訓練和教育來加以預防，從而導致以理性爲準繩的生活。但是都市生活和工業的環境嚴重地影響了家庭教養。它的作用，在大都市裡遠遠不如在過去的小範圍的、同種姓的鄰居關係中那樣有效。現時事物的普遍世俗化、對信念或教義的不信任以及冷酷的現實主義（像它自己認為的那樣），削弱了宗教的勢力。學校教育已成爲我們支援社會控制的主要依託；可是它也已世俗化了，而且即使道德教養可以透過教育來達到的話，學校教育也不能與道德教養等量齊觀。當法律將社會控制的全部活動納入自己的領域後，法令的實施就成爲一個尖銳的問題了。

[26]

關於「是怎樣」的各種理論，對「應當是怎樣」的各種觀念具有顯著的影響。人們傾向於做他們認爲他們現在正在做著的事情。當立法者被教導說法律是主權者的命令而他是主權者的喉舌時，他就傾向於認爲規定在「茲制定」等字樣後面的一切都是正當的了。專橫的立法用這些東西乃是主權者的意志這種說法來爲自己辯解。當法官被教導說因爲他的判決爲他所決定的事

[27]

情蓋上了國家的金印，法院所判決的一切就是法律，而這也就是法令所要求的一切時，他就傾向於認爲「茲受理並判決」等字樣後面所寫的一切都是正當的了。當一個行政官員被教導說法律就是他在職務上所做的任何事情時，他多半假定他可以在作出決定以前拒絕或忽視聽取雙方的陳述，也可以違反人們曾認爲公正的基本準則，即任何人都不能作爲對自己案件的裁判者，由他自己來接受申訴、進行調查、起訴、在自己面前爲申訴辯護，並在一次程序中就這一申訴作出裁決。如果立法者、法官和行政官員被教導說，法律是政治組織社會行使強力的威脅，那麼他們就傾向於不去思考一下這種威脅的內容是什麼，而只去考慮，在什麼程度上用一般講法來說，這種威脅能夠行得通。隨著專制政府在全世界的興起，這樣一些觀念已經流行起來，而且給予獨裁者以科學理論上的聲援和慰撫。

當代法學和政治理論的首要人物之一熱烈地宣導這樣一種學說，認爲法律不過是這樣一種東西，即一些由政治組織社會中被指定的機構所制定的權威性規範和各種威脅的實施，這種威脅在一定的行爲或情況出現時，不論它是好是壞都會有某種法律強制隨之而來——這位當代法學家中的首要人物告訴我們說，唯心主義導致專制政治，他並引柏拉圖的話作爲證明。關於法律目的的絕對理想和價值的絕對尺度，在他看來，似乎會導致建立和維護這種絕對理想和絕對尺度的絕對統治者。

毫無疑問，這是一個自相矛盾的說法，但這卻是一個這樣的矛盾：關於正義的各種絕對觀念曾導致了自由政府，而關於正義的各種懷疑論觀念卻和專制政治並行不悖。唯心主義將某種東西置於統治者或統治集團之上，用它來判斷他們並使他們負責根據它來進行統治。即令觀念是絕對的，那些掌握政治組織社會的強力的人卻不是絕對的。懷疑論現實主義者沒有將任何東西置於統治者或統治集團之上。這樣就沒有用來判斷他們的尺度，至多只有個人的主觀意見，可是人們教導我們說，隨便哪兩個人必然不能有同樣的價值尺度，或者即使他們有的話，也沒有一個人能證明他的尺度比另一個人的更高明。因而，正如聖保羅[11]所講的，在沒有法律的情況下，他們自己就是法

11 聖保羅（St. Paul），基督教《聖經》中初期教會主要領袖之一。——譯者注

律。他們做什麼就證明他們所做的是正當的。正是統治者的這種態度，標誌著一種專制政治。如同吉卜林[12]筆下的那個破門而入的惡漢一樣，專制統治者就是以他們身上賦有的權威和強力來進行統治的。我並不想宣揚一種唯心主義的哲學信條。但是我確實要說：如果懷疑論現實主義的各種學說是新康德主義相對論在法學和政治學中的產物，那麼在這樣一些實際學科中我們必須根據相對論本身結果來判斷相對論。但是，我認爲答案似乎是我們不應該絕對化地來看待相對論。這一點我將在本書最後一章加以探討。

我們能否承認，在當前的事實上，調整關係和安排行爲是透過由那些行使政治組織社會權力的人們適用強力來實現的，而且就到此爲止了呢？我們能否說，實際上是政治組織社會的強力在實施立法者所規定的各種威脅，而站在強力的行使和各種威脅背後的是虔誠的願望、迷信或託詞呢？有些人感覺到，如同人們大概從兩千三百年以前詭辯論者宣布了懷疑論現實主義立場

12　吉卜林（Joseph Rudyard Kipling，一八六五—一九三六年），英國作家。——譯者注

以來就已感覺到的——我們一定要為法律找到一個較好的根據，一定要找出強力背後的某種東西，強力不可能是社會控制的最終現實；他們的確曾從一個立場被驅趕至另一立場，但是，他們卻從來沒有放棄關於在強力背後有某種永恆的或至少是相對永恆的東西這樣一個觀念。

經院主義的法學神學家們在政府現象背後發現了眞理——即《聖經》所啟示的眞理和理性所發現的眞理。十七、十八世紀的法學家看到了在這些現象背後的理性。十九世紀的形而上學法學家們看到了一種可以用形而上學來闡明的無可爭論的原理，從這個原理中可以推導出法律來。歷史法學家們看到了體現在人類經驗之中的一種自由的觀念，從中可以引申出展現當時這種觀念的最高峰的法律制度。

梅因[13]用黑格爾式的術語，將實現自由這個抽象的一般命題說成是從身

13 梅因（Henry Maine，又譯梅恩，一八二二－一八八八年），英國古代法制史學家。——譯者注

份進展到契約的一般具體命題，因而就使黑格爾和薩維尼[14]的學說，似乎轉向爲實證主義了，以致今天有些人把梅因列爲一位社會學家。較老的實證主義在政治組織社會的演化背後，也就是在政治組織社會藉以發生作用的法律背後，發現了社會發展的法則。

可是一種比較新的實證主義注意社會的法律安排，是爲了去瞭解這種安排本身，它的目的不是爲了去瞭解這一切能夠成爲什麼，也不是當作能給予我們一種關於應當是什麼的尺度，而是把它當作表明人們曾經使用過什麼尺度，這些尺度要求什麼以及法律曾如何得以使用它們；這種比較新的實證主義注意社會的法律安排，也是爲了去瞭解：人們認爲法律的目的是什麼，在人們所假定的以及他們據以行爲的假設背後，是否有某種觀念，的確有助於他們正試圖要做的事情，即維護、促進和傳送文明。

14　薩維尼（Friedrich Karl von Savigny，一七七九—一八六一年），德國法學家，十九世紀德國歷史法學派的主要代表。——譯者注

我可以想像得到，有些人會對我說，就懷疑論現實主義的各種理論在實際行動裡所導致的後果來對它們進行批評，是不科學的。當然，用這種方法來批評關於物質自然界的各種理論是沒有用的。但是我們現在並不是對待物質自然界，對於它，好壞的意見和關於它的各種現象的批評，都是無關緊要的。我們所對待的是在人類意志領域之中並在這種意志控制之下的各種現象，在這裡「實際上是怎樣」並不能告訴我們全部眞相。這裡最終的問題始終是「應當是怎樣」的問題。除非政府是爲了自己而存在，或法官和行政官員是爲了行使權力而進行審判和管理，否則我們就不能迴避這樣的問題：法律上關係的調整和行爲的安排，到底有什麼目的或意義？我們不能把強力設想爲手段以外的什麼東西。

耶林[15]說，背後沒有強力的法治，是一個語詞矛盾——「不發光的燈，不燃燒的火」。法律包含強力。調整和安排必須最終地依靠強力，縱使它們

15 耶林（Rudolf von Jhering，一八一八—一八九二年），德國法學家。——譯者注

之所以有可能，除了對一種反社會的殘餘必須加以強制，主要是由於所有的人都有服從的習慣。其實，服從的習慣在不小的程度上是依靠聰明人意識到如果他們堅持反社會的殘餘，那麼強力就會適用於他們。自然法理論反對把法律當作強力，意思就是反對不根據任何原則，而只根據對於便宜行事、公共福利或個別官員的個人便利的各種主觀意見所施用的強力，在這一點上，它並沒有錯。縱使在司法和行政的過程中不可能將個人主觀成分完全排除出去，法律歷史表明，我們可以在這方面邁出很大的步伐。文明有賴於擯棄專橫的、固執的自作主張，而代之以理性。即使在這方面我們尚未達到我們曾相信在上一世紀業已達到的程度，但是人們只要將上一世紀的法律和根據法律的司法與殖民地時代的美洲的情況對比一下，就可以瞭解，我們現在認爲是十九世紀的那種自鳴得意的自我恭維，有多少在當時畢竟是正當的。

人們告訴我們說，對各種法律理論的酸性化驗就是壞人的態度——他對於正義、公正或權利毫不在意，只希望知道他做或不做某些事情，將對他發生什麼後果。可是正常人的態度就不是這樣，他反對服從別人的專橫意志，但願意過一種以理性爲準繩的生活，他參加選擇那些行使政治組織社會之權力的人，如同中世紀法學家所說的，預期著他們在上帝和法律之下行使權力並以此作為目的去行使權力。難道壞人的態度要比這種正常人的態度更可以成為一種試驗嗎？

第二章　什麼是法律？

培根[1]在他的《論眞理》的文章裡寫道：「當善詼諧的彼拉多[2]說『什麼是眞理』時，他不會等待一個回答。」對培根來說，當他用十六世紀的眼光來讀第四福音書時，他假定彼拉多在說笑話，是很自然的，就像對彼拉多來說，當他用一世紀的眼光來看關於基督下降到人間是來證明眞理的說法時，他也會很自然地說他所說的話是十分眞摯的。培根知道過去有那樣一些哲學家，就像他所講的，這些人「認爲確定一個信仰是一個束縛」。但是他說，這派哲學家已經成爲過去了。可是，他們在一世紀卻曾經風行一時過，而且彼拉多那個時代的任何一個有教養的羅馬人，對斷言眞理的人大概都會給予同樣的評論。

在希臘古典哲學和羅馬共和國末期、帝國初期所流行的哲學之間，在思想領域裡發生了根本的變革，就如在紀元初和培根寫作時之間所發生的，以

1 培根（Francis Bacon，一五六一—一六二六年），英國著名哲學家。——譯者注

2 彼拉多（Poutius Pilatus），羅馬帝國駐猶太的總督（約二十六—約三十六年）。據《新約全書》記載，耶穌由他判決釘死在十字架上。——譯者注

及在培根的時代和今天（自稱為）先進的思想家們之間所發生的變革一樣。

[36]

彼拉多是在懷疑論和失去幻想的時代那樣說的。伯羅奔尼撒戰爭使希臘各城邦疲憊不堪。希臘全部均落入腓力[3]之手並被併入亞歷山大[4]的帝國。這個帝國後來又趨於分裂，由亞歷山大的將領和後繼人們互相進行爭奪。希臘化的世界不是適合於各種唯心主義哲學的世界。對共和國末期和帝國初期的羅馬，同樣也可以這樣說。這個時代是政治上四分五裂和內戰的時代。三個世代的連綿內戰使當時的社會組織消耗殆盡，就像伯羅奔尼撒戰爭曾使古典時代的希臘世界消耗殆盡一樣。失去幻想、動盪不安的環境和專制的政府，都使人們轉向懷疑論和伊壁鳩魯主義，它們似乎是在告訴人們如何在亂世裡生活。這些都成了各種流行的思想類型，它們和今天所流行的各種哲學一樣，是各種「消極放棄」的哲學。信奉伊壁鳩魯[5]學說的人認爲唯一確定

[37]

3 腓力（Philip），指馬其頓國王腓力二世（前三八二—前三三六年）。——譯者注

4 亞歷山大（Alexander），指馬其頓國王亞歷山大大帝（前三五六—前三二三年）。——譯者注

5 伊壁鳩魯（Epicurus，前三四一—前二七〇年），古希臘唯物主義哲學家。——譯者注

的知識就是我們透過感覺得到的知識。至善就是個人的快樂生活。正義是某種變化莫測的東西，它不過是一個獲得快樂的權宜手段而已。懷疑論者認爲我們不可能具有任何關於事物性質的知識，因而對一切事物的正確態度就是泰然自若的態度。無論感覺或理性都不能給予我們確定的知識。我們必須停止對事物進行判斷，而只是充分利用它們。只有不進行任何判斷的懷疑論者，才能用一種不爲情感或願望所動的絕對冷靜態度來看待各種事物。對於善或惡作出肯定判斷的可能性是不存在的。如果你看見一些強盜在攔路搶劫一個人或一群惡徒在圖謀對一個無辜者施加私刑，伊壁鳩魯就會說，還是避開些吧，除非權衡苦樂，你能斷定進行干涉最後會促進你的快樂生活。懷疑論者則說，不要去加以判斷，也不要挨近。強盜或使用私刑的暴徒，像你一樣，可以是對的，也可以是錯的。彼拉多就是以這種精神說話的。

培根是在文藝復興之後過度信仰理性的時代寫作的。發現新大陸、開拓殖民地和巨大的集權政治組織興起的時代，近代科學的開創和貿易、商業擴展的時代，這不會是失去幻想的時代。人們有信心地斷言，他們可以透過理性認識一切事物並解決一切問題。信奉伊壁鳩魯學說和懷疑論的人是一些放肆過分的派別，他們已經永遠消逝了。彼拉多的問題成了一種不合適的詼諧。

現在，在理性和透過理性可能取得知識的信念支配過從培根當時一直到上世紀末以後，我們發現自己又處在另一個失去幻想的時代了。今天的社會哲學採取了消極放棄的態度。相對論教導說：我們所能認識的一切只是我們個人知覺和經驗所構成的個人精神創造。我們的關於「應當是什麼」的各種觀念，只有在我們各人的思想體系中才是有效的，它們對於任何其他人都不能加以證實。在法律和道德之間以及在政治上組織起來的社會所實行的社會控制和正義之間，都存在著一種不可調和的矛盾。「應當是什麼」是一種虔敬的願望，一種迷信和一幅與現實無關的非科學的、主觀的畫面。善和惡的判斷、頌揚和指責都是不科學的。我們要求以一個最終的政治權力爲前提，而一切都淵源於它。各種憲法限制都是語詞的矛盾。一種純粹科學不去糾纏各種關於平衡的主觀理想和各種有保證的自由和權利。權利不過是從國家官員行使政治組織社會的強力得出的推論。法律不過是那些官員們所做的事情而已。伊壁鳩魯、皮浪[6]和卡涅狄斯[7]以新的名字但以同樣的社會、政治和倫理哲學復返了。

從紀元前六世紀希臘人開始考慮這些事情以來，什麼是法律這個問題一直是一個爭論的題目。許多東西曾發生作用使這個問題成爲一個困難的問題。但是困難的重要根源是：三個完全不同的東西都曾用著法律的名稱，而人們都曾試圖以其中一個爲根據來解釋所有這三者。

明確地說，這三種意義就是：㈠法學家們現在所稱的法律秩序——即透過有系統地、有秩序地使用政治組織社會的強力來調整關係和安排行爲的制度。㈡一批據以作出司法或行政決定的權威性資料、根據或指示，這也就是當我們講到印第安那州的法律、比較法、財產法或契約法時所理解的東

6 皮浪（Pyrrho，約前三六五—約前二七五年），古希臘哲學家，懷疑論者。——譯者注

7 卡涅狄斯（Carneades，約前二一四—約前一二九年），古希臘哲學家，懷疑論者。——譯者注

西。㈢卡多佐[8]法官中肯地所稱的司法過程，而今天我們還必須加上行政過程——即爲了維護法律秩序依照權威性的指示以決定各種案件和爭端的過程。這就是許多自稱爲現實主義者的人今天給予法律這個名詞的意義。正如我們的一個著名法學家所說的，法律就是公務上所做的一切事情。

因而，這就有了三種觀念，而它們都用同一個名稱，這在討論這一問題時就造成了很多混亂。如果這三種意義可以統一起來的話，那就是用社會控制的觀念來加以統一。我們可以設想一種制度，它是依照一批在司法和行政過程中使用的權威性法令來實施的高度專門形式的社會控制。

爭論的大部分是針對第二種意義上的法律的性質，這裡的法律是指一批決定爭端的權威性資料。但是這也並不是一個簡單的概念。這種意義上的法律包括各種法令、技術和理想：即按照權威性的傳統理想由一種權威性的技

8 卡多佐（Benjamin Nathan Cardozo，一八七〇—一九三八年），美國法官，社會學法學代表之一。——譯者注

術加以發展和適用的一批權威性法令。當我們想到第二種意義的法律時，我們大概會單純地理解爲一批法令。但是發展和適用法令的技術、法律工作者的業務藝術，都是同樣具有權威性的，也是同樣重要的。其實，正是這個技術成分，足以用來區別近代世界中的兩大法系。

例如，在作爲英語世界法系的普通法中，一項制定法爲它規定範圍內的各種案件提供一個規則，但並不爲類推論證提供一個基礎。在這方面，我們指望法院判決記錄中的司法經驗。在基於羅馬法的另外半個世界的法系的大陸法中，這方面的技術就完全不同。大陸法學者從立法機關的法令來進行類推論證，並且認爲司法判決對一定論點的確定方向，只是確立那個明瞭的論點，而不是規定一個原則——一個用來進行法律論證的權威性出發點。

此外，還有理想的成分，一些公認的權威性理想。這一成分最終歸結爲一定時間和地點的社會秩序的畫面，歸結到有關那個社會秩序是什麼以及社會控制的目的是什麼的法律傳統，這是解釋和適用法令的背景，在各種新的案件中是有決定性意義的，因爲在那裡，必須從各種同等權威性的出發點中加以選擇來進行法律論證。

以侵權行爲法中的一個問題爲例，英國法院和美國許多最強的法院在這一問題上是有分歧的，而美國法院也同樣各執一詞。這是關於不論有無過錯而產生的責任問題，如某人在他的土地上持有的某種東西，這種東西有可能因未加管束而造成損失之虞，這種情況雖然不是一個擾亂，但它卻逸出並對鄰人的土地造成損害。這裡，我們就必須在要求絕對責任的普遍安全和只要求在有過錯時才負責任的個人生活這二者之間，進行選擇。人們曾似乎有理由地提出過，英國的關於土地是永久的家庭占有物的概念，和美國的關於土地是做某些事情和創辦某些企業的一種財產或地方的概念之間的區別，換句話說，也就是不同的社會理想或畫面之間的區別，決定了各種不同論證的出發點。

同樣，在解釋法律的時候，理想的成分是有決定意義的。麻塞諸塞州和密蘇里州在解釋制定法中關於取消只由長子繼承的直系繼承人遺產的完全相同的語句時，就有不同。語句既不是決定性的，問題就要落在各種可能解釋

[44] 的一個眞正優點上。但是這個優點是怎樣決定的呢？顯然這就要由關於在一定時間和地點應當有一個什麼樣的美國社會秩序的理想來決定了。在新英格蘭各州，一個家庭的延續和那幅畫面就有關係，而這一點在西南部各州卻沒有關係。

可是，人們所最熟悉的理想成分的作用是在適用什麼標準時看到的。許多標準都包括一種合理性的觀念。法律規定在各種情況下什麼是合理的。可是並沒有任何一個權威性法令告訴我們這是合理的而那是不合理的。人們稍爲研究一下上一世代關於正當法律程序的判決就可以瞭解到，適用合理性標準在當時是爲一幅初期的、鄉村的、農業社會公認的畫面所支配的，而今天都市的、工業社會的畫面卻產生著不同的結果。

[45] 當我們區別了法律的三種意義和第二種意義上的法律的三種成分時，我們還是沒有弄明白這一問題的各種錯綜複雜的情形。因爲法令成分（這是通常被當作我們必須加以考慮的全部東西）是由各種規則、原則、說明概念的法令和規定標準的法令組成的。

一項規則是對一個確定的具體事實狀態賦予一種確定的具體後果的法令。這是法令的最初形式，原始時期法律從不曾超過這一限度。各種原始時期法典就是由這樣一些法令構成的。例如：

《漢摩拉比法典》規定：「如果一個自由人毆打另一個自由人，應納十個銀幣。」

薩利克法律規定：「如果任何人叫別人為『狡猾的人』，應罰三個先令。」

《羅馬十二銅表法》規定：「如果父親三次出賣他的兒子，兒子可以脫離他的父親。」

各種刑法典大都是由這一類法令構成的。

一個原則是一種用來進行法律論證的權威性出發點。各種原則是法律工作者將司法經驗組織起來的產品，他們將各種案件加以區別，並在區分的後面定上一條原則，以及將某一領域內長期發展起來的判決經驗進行比較，為了便於論證，或者把某些案件歸之於一個總的出發點，而把其他一些案件歸之於某個其他出發點，或者找出一個適用於整個領域的更能包括一切的出發點。[46]

試著考慮這樣一些原則：如果某人做了一件在表面上傷害另一個人的事，那麼除非他能證明這樣做是正當的，否則他就必須對所造成的損害負責，或如果某人過失地造成對別人的損失，那麼他就要對損害負責，或一個人不應不正當地損人利己。在所有這些原則中，沒有任何預先假定的確定的具體事實狀態，也沒有賦予確定的具體法律後果。可是我們卻不斷地依賴這些原則作爲論證的出發點。

或者我們考慮一下：怎樣從關於運輸工具的任務這一基本原則出發，把爲馬車所定出的法令，統一地推廣適用於公共馬車、鐵路、電車、卡車和飛機，而不需要對相繼出現的運輸工具規定各種新的規則。也考慮一下，怎樣統一地把這些法令推廣適用於電報、電話、無線電、煤氣、電燈和動力。然後，我們來看法律工作者如何定出一個在一類公用事業中關於任務的更廣泛[47]

的原則，這種方法使我們的法律由於提供了一個作爲論證的出發點，而能應付這些一個接著一個地出現的急劇發展的公用事業部門。

一個概念是一種可以容納各種情況的權威性範疇，因而，當人們把這些情況放進適當的框子裡時，一系列的規則、原則和標準就都可以適用了。買賣、信託、保釋就是例證。在這些情況下，並不存在一種附加於確定的具體事實狀態的確實具體法律後果，也沒有一個用來進行論證的出發點。有的只是可以將各種情況歸入其中的一些確定範疇，而這樣的結果就使各種規則和標準成爲可適用了——，即令各種定義必須不時修改並且和各種規則比較起來更富有伸縮性，這些範疇也是確定的。有了各種原則和概念，我們就有可能在只有較少規則的場合下進行工作，並有把握來應付那些沒有現成規則可循的各種新情況。

一個標準是法律所規定的一種行爲尺度，離開這一尺度，人們就要對所造成的損害承擔責任，或者使他的行爲在法律上無效。例如：適當注意不使其他人遭到不合理損害危險的標準；爲公用事業設定的提供合理服務、合理便利和合理取費的標準；受託人的善良行爲的標準。我們要注意各種標準中公平或合理的成分。這是一個困難的根源。如前所述，對什麼是合理的加以規定的法令是沒有的，企圖制定這樣一個法令也是不合理的。結果，合理性就必然要看它是否符合於權威性的理想。

行爲需要有各種標準。這只要向你們提醒一下將行爲歸結爲規則的一次努力（古老的「停下來，看一看和聽一聽」的規則），就完全夠了。試比較如何在以下兩種場合適用這個規則：一種場合是一輛馬車通過一條單軌鐵道，火車在那裡行駛的速度達每小時三十英里；另一種場合是一輛重型卡車通過一條有四條鐵路線的鐵道，流線型火車在那裡行駛的速度大約達每小時一百英里。當這輛卡車的駕駛人在這裡停下來，走下車，對鐵道前後估量了一番，然後回到他的卡車上重新開車時，流線型火車可能已經駛過來四英里之遠了。在這種情況下一項規則就不可能起法律的作用了，我們就被迫要使用一個標準。

還有其他兩個從不同角度出發的法律理論值得注意。今天許多人都說法律乃是權力，而我們卻總是認爲法律是對權力的一種限制。社會控制是需要有權力的——它需要用其他人的壓力來影響人們行爲的那種權力。作爲社會控制的一種高度專門形式的法律秩序，是建築在政治組織社會的權力或強力之上的。但是法律絕不是權力，它只是把權力的行使加以組織和系統化起來，並使權力有效地維護和促進文明的一種東西。權力理論在實際行動裡究竟意味著什麼，可以以近來國際法和權力的同化作爲例證，這種同化一直在導致國際法失去作用。

當前的另一種理論把法律設想爲一種權威性的價值準則。持這種說法的那些人認爲：要對任何道德的原則、任何事物的標準或對互相衝突的或重疊的人類需求進行評價的尺度加以證明，是不可能的。因而那些掌握政治組織社會強力的人們，爲了表達一個在社會上或經濟上占統治地位的階級的自我利益，便任意地規定或建立各種價值準則，並強使其他人服從它們。當然，我想各種在社會上和經濟上占統治地位的階級都曾有過變化，而從一、二世紀的羅馬以來，這些階級的自我利益也曾多次地發生過變化。但是必須考慮一下：有多少爲當時法學家們所制定的法令，曾支配了從那個時候以來的各種重要關係和規定了各種重要的行爲。

我們必須永遠記住：在我們的法律中記錄著爲理性所發展的經驗和被經驗所考驗過的理性這樣一種教導傳統。文明史中的一個重要現象就是這些教導傳統的生命力。民法就是從五世紀到現在許多學院的教導傳統，它和各學派法學家們的一種更古老的教導傳統有著聯繫。普通法是在法院傳統的基礎上成長起來的一種在倫敦各律師學院中的教導傳統。它是從十七世紀以來由律師傳給見習律師的一種教導傳統，它現在正在成爲各個大學法學院的教導傳統。現代世界的兩大法系都是教導傳統，它們已被證明足以與各種破壞政治制度的力量相抗拒。在我國的法律中，存在著一種透過法律工作者的技術使之適應於各種不斷變化著的時間和地點條件的傳統，這就使它成爲人類最有持久性的制度之一。最後一個凱撒在二十多年前早已死亡，[9]可是與第一個凱撒同時代的那些法學家們的著作，至今仍然指導著半個世界的司法。

---

9 原文作「fell two decades or more ago」其意義殊不可解，故改譯「早已死亡」。——譯者注

法律秩序的權威的淵源是什麼？當我們提出這個久經爭論的問題時，我們的意思可以指直接的實際淵源，也可以指最終的實際淵源，或者也可以指最終的道德淵源。因而對於這樣一個看來似乎簡單、但至少包含三個問題（其中每一個都要有不同的回答）的問題，我們不能只給予一個回答。直接的實際淵源可以在一個政治組織社會的立法機關和執行法律的機關中去找，而在這些機關的後面，正如前述，有著那個社會的強力。法學家們就是這樣說的。最終的實際淵源是一個屬於政治科學的問題。我們的古典政治理論教導我們，它就是同意，也就是自由人民同意由一部憲法和根據憲法由立法者制定並由人民自由選擇的官員予以執行的各項法律來進行統治。奧斯丁[10]和梅因認為，總的說來，它是人民的服從習慣，大概就是作為一半文明的那種對內在本性之控制的一個方面，因而除了對日常生活裡出現的相當少數的爭端和對相當少數人的行為外，就沒有必要適用強力。近來還有一些人對我們說，它是占統治地位的社會和經濟階級的自我利益。他們認為，那個階級

10 奧斯丁（John Austin，一七九〇—一八五九年），英國法學家，分析法學創始人。——譯者注

將其意志強加於那些不可能抗拒、太軟弱或在經濟上依附性太大因而不能抗拒的人們，從而產生了服從的習慣。當我們進入第三個問題時，我們就置身於政治倫理學和政治、法律哲學的領域了。可是有一些人卻對我們說，這個問題是多餘的。它根本不是一個「應當是什麼」的問題。在未來的理想社會裡，因爲將不會有力圖將其意志強加於其他人的階級，將不會再有法律。隨著財產的消失，各個階級將消失，而法律也將隨同它們消失。因此，一切關於「應當是什麼」的問題就被排除了。法律之所以具有拘束力，是由於或者是當有一種強加於一切其他力量之上的強力作爲它的支持。古典的法學理論是，法律可以直接地從正義中，從人們的理想關係中推論出來，而它的拘束力是基於它所代表的正義具有的拘束力。當前占優勢的法律哲學認爲，我們回答不了這個問題。要想在強力說、同意說和正義說之間作出肯定的選擇，是不可能的。它們所表達的都是處於無法縮小的對立和無法消除的矛盾狀態之中的法律所具有的各種成分。

可是，不論法律秩序的任何正當權威的基礎是什麼，它卻仍在繼續發生作用，而且我還認爲，因爲它正在履行著（而且很好地履行著）排解和調和各種互相衝突和重疊的人類需求的任務，從而維護了社會秩序，使我們得以在這個秩序中維護與促進文明，所以它自始至終掌握了一種實際的權威。只要法律秩序做好這個任務，就會產生服從的習慣，而正是這種習慣使對那些需要強力的人採取強力成爲實際可能。

[54]

當我們講到這裡，我們有必要停下來問一問，任何一種意義的法律到底能實現這個目的到什麼程度。我們必須問：透過政治組織社會的社會控制，利用一種權威性技術將一些帶有權威性的根據或指示應用到決定上，使司法和行政程序能在一種有秩序和有系統的方式下進行運轉，這種社會控制，其本身究竟在多大程度上能站得住腳，並能擔當起維護和促進文明的任務。這就使我們考慮到有效法律行動的侷限性，即那些阻止我們經由法律手段去從事倫理觀點或社會理想推動我們去進行的一切事情的各種實際限制。

首先，有些限制產生於對適用法令的事實，在其確定中所包含的各種困難。這是司法上由來已久和最難解決的問題之一。法令承認提供的事實並根據事實來宣佈指定的法律後果。但是事實並不是現成地提供給我們的。確定

[55]

事實是一個充滿著可能出現許許多多錯誤的困難過程。錯誤認定曾導致過許多錯判。爲了預防舞弊和詐騙而規定各種辦事規則和形式的必要性，由於一般安全的迫切需要犧牲了何止一個可貴的案件。邊沁[11]說過，在每一個法庭裡都應當懸掛亞拿尼亞和撒菲拉[12]的肖像。但是我們爲防止僞證所採取的一切手段，都不能使我們根據證人的證言就有把握地行事，可是給我們提供事實的，卻主要依靠這些證言。

第二，有些限制產生於許多義務難以捉摸，它們在道德上很重要，但不能在法律上予以執行。有一個故事，一個英國教師說：「孩子們，必須心裡純潔，否則我就要揍你們」，這個故事爲我們說明了問題。當羅馬法企圖把感恩當作一個法律義務，以及我們自己的法律企圖對公司的發起人和董事要求符合一個無私德行的崇高標準時，它們取得的成功都沒有比上述教師稍勝一籌。

11 邊沁（Jeremy Bentham，一七四八－一八三二年），英國倫理學家、法學家，功利主義學說創立者。——譯者注

12 據《聖經》載，亞拿尼亞（Ananias）及其妻撒菲拉（Sapphira）均因誑言受天殛。——譯者注

第三，有些限制產生於許多嚴重侵犯重大利益的行爲，其所使用的方式微妙離奇，而法律對這些利益，如果可能的話，是會樂意給予有效的保障的。比如，在家庭關係裡，由於撥弄是非或陰謀暗算而產生的對個人利益的嚴重侵犯，往往因難於捉摸以至於法律手段也對此無能爲力。我國的法律曾經用了很大努力來對付這一困難。但是我們在處理挑撥感情關係案件上的行動（這種行動早已引起薩克雷[13]的嘲笑）並沒有鼓舞起什麼信心，而美國的那個禁止被告調戲原告妻子的主要判例也沒有證明是一個比較好的辦法。關於所謂私人祕密權利的問題也是如此。在追溯損害的原因和確定因果關係時所包含的各種困難，不能不使不善交際的人和神經過敏的人的利益遭到某些犧牲。

第四，有一些限制產生於對人類行爲的許多方面、許多重要的關係以及某些嚴重的不良行爲不能適用規則和補救等法律手段。夫婦同居的義務以及

13 薩克雷（William Makepeace Thackeray，一八一一—一八六三年），英國作家，以諷刺筆法著稱，代表作有《名利場》等。——譯者注

每一方對另一方在交往和愛情上的要求，可以說是一個例證。以前，就丈夫而論，我們的法律制度以下列三種方式來保障這種利益，即：行使對妻子的行爲加以限制和管教的婚權、提起恢復夫婦關係權利的訴訟和申請對窩藏其妻子的人頒發出庭狀。但是限制和管教的特權是與妻子人格的個人利益不相容的，因而也就不能再被承認了。恢復夫婦關係權利的訴訟，起源於一種以逐出教會爲制裁的矯正品行的宗教制度，它在實際上早已失效，而目前已被廢棄。出庭狀現在只在違反妻子的意志迫使她離開丈夫的情況下，才被使用。目前，上述利益除了道德和社會輿論以外，已沒有什麼東西可以作爲制裁了。透過幾個世紀來法律經驗的考驗，丈夫一方對侵犯這種利益的第三者所提起的訴訟實際上很少有所收穫，以致法院爲了要使法律在邏輯上完整起見，已經本能地以慎重的態度把同樣的權利類推給予妻子一方了；而正當我們開始把這種權利給予妻子一方時，我們許多州又認爲有必要取消夫妻雙方的這種權利。

法律用懲罰、預防、特定救濟和代替救濟來保障各種利益，除此之外，人類的智慧還沒有在司法行動上發現其他更多的可能性。但是懲罰必然會偏限在很有限的範圍，它在今天只能適用於爲實現那些確保一般社會利益而設定的絕對義務。預防性救助的範圍必然是狹窄的。在損害名譽、損害情緒和感情——也就是損害「某人思想和情感方面的平靜和舒適」——的案件裡，在能夠援用任何預防性救助之前，即使不牽涉其他種種困難，加害行爲往往已經完成。特定救濟只有在涉及各種所有權和某些牽涉純經濟利益行爲的情況下，才有可能。一個法院能使一個原告重新取得一方土地，但是它不能使他重新獲得名譽。法院可以使一個被告歸還一件稀有的動產，但是它不能迫使他恢復一個妻子已經疏遠的愛情。法院能強制一個被告履行一項轉讓土地的契約，但是它不能強制他去恢復一個私人祕密被嚴重侵犯的人的精神安寧。因此，在絕大多數場合下，金錢賠償辦法乃是唯一的方法，而這也已成了法律在任何時候的主要救濟手段。但是這種救濟除了涉及物質利益的場合以外，是顯然不夠用的。

一項動產的價值，一項商業契約的價值，使用和占有土地的價值——凡此種種是可以用金錢來衡量的。另一方面，企圖對斷肢的實際金錢賠償定出一個確定的尺度，至少是有困難的；而要對一個受害人的情緒、榮譽和尊嚴

[60] 進行估價，就簡直是不可能的了。我們爲了誹謗法的目的，把個人的榮譽、尊嚴、品行和名譽當作財產來看待，試圖以此來掩蓋上述的困難，吉卜林告訴了我們東方人對於所造成的結果是怎樣看法的。「一個人有什麼悲哀嗎？歐洲的先生們說，給他錢吧。他受到恥辱了嗎？歐洲的先生們說，給他錢吧。他頭上有什麼毛病嗎？歐洲的先生們還是說，給他錢吧」。顯然，東方人的話是講得非常好的。但是除此之外法律還可能做什麼，卻並不是那麼明顯。因此，如果法律對財產和契約的保障比對人格的保障更爲細緻和更爲適當的話，那並不是因爲法律對後者的估價不如對前者那樣高，而只是因爲法律手段本來就適於保障這一方面而不適於保障另一方面。

最後，第五類限制產生於爲了推動和實施法律，必須求助於個人的必要性。一切法律制度都是在這一必要性下發生作用的，但是這種必要性在一個英美民主制度中卻爲司法加上了一個特殊的負擔。因爲我們整個的傳統政治制度是依靠個人主動精神來保障法律救濟和實施法律規則。的確，在這個問題上，普通法中的極端個人主義已趨消滅。我們已不再完全依靠個別告發人 [61] 來使犯罪人受到制裁。我們已不再依靠私人提起的損害賠償訴訟，來使公用事業公司盡其應盡的義務或使我們不受摻假食品之害。但是，即使行政執行的一般制度不遭受嚴重反對，用行政手段執行法律的可能性也是有限的。因爲法律不會自己實施。一定要有人來執行法律，一定要有某種動力來推動個人使他超越規則的抽象內容及其與理想正義或社會利益理想的一致性之上，去做這件事情。清教徒單純地把法律看作對個人良心的指導。個人的意志是不能被強迫的。每個人的良心是緊要行動關頭時對是非的最後仲裁者。可是由於所有的人的良心並不都是開明的，所以法律才適於促使人們去考慮，告訴他們其他人對這一點和那一點是怎樣考慮的，並對那些在自己的良心上猶豫不定的人提供指導。這樣一種概念，在一個人口稀少的草創社會裡是完全適合的，但是在今天人口稠密的、具有複雜組織和各種互相抵觸的利益之爭的工業社會裡，卻是完全不可能的。可是很多人還是以清教徒的方式來看待法律。一個社會改革家最近告訴我們說：法律的眞正職能就在於對錯誤行爲的社會抗議進行登記。自然，社會對錯誤行爲的抗議不是什麼壞事情。但是人們可能會感到，適合這種目的的代言人是一個先知者而不是一個立法者。

那些相信萬能國家的人，一定不會假設柏拉圖的哲人君主，他們必須假設有一個在超超人之下的超人治理者，或一個超人占多數並以權力委諸超人行使而組織起來的社會。在我們生活的地上世界裡，如果法律在今天是社會控制的主要手段，那麼它就需要宗教、道德和教育的支持；而如果它不能再得到有組織的宗教和家庭的支持的話，那麼它就更加需要這些方面的支持了。

第三章　法律的任務

爲了瞭解法律秩序的任務，不妨想一下當首次放映一部新的、大做廣告的和由大眾歡迎的某個明星主演的影片時，戲院售票處前排隊買票的情況。想要進入戲院的人多半比戲院能容納的人爲多。如果那些想進去的人並不排隊或並不讓他們這樣排隊，那麼就不可能有很多人進得去，甚至一個人都不能進去。至少，這個進入戲院的過程將會是一個費時的和麻煩的過程，而且很多人大概會因此而受傷。有許多人將會放棄進去的念頭。別的許多人將會因爭搶而躊躇不前，不願參加爭搶而轉身到別的地方去。很可能當這場爭奪過去後，不僅在許多試圖買票的人中只有少數人能僥倖進去，而且他們的衣服已被撕破，身上有了傷痕並被毆擊，他們將在萬分狼狽的狀態中去享受這次演出。或者，再不妨比較一下從一座起火的大樓裡往外衝的情況。如果在這種情況下，秩序不能維持的話，那就只有少數人才能逃出來，而許多人會被踩倒。但是如果對買票或對起火大樓裡的秩序加以維持的話，那麼就可以在最少的阻礙和浪費之下使很多人可以買到票或得救。

這種秩序的維持可能由於大家都已習慣於承認排隊或按照先後是當然的事情，或者也可能由於受到一個員警或起火學校的一個教師的迫使。在任何

[63] [64]

一種情況下，社會控制使其有可能爲最大多數人做最多的事情。俗話說得好，我們大家都需要地球，我們大家都有我們謀求滿足的許多願望和要求。我們有那麼許多人，可是地球卻只有一個。每一個人的願望不斷地和他鄰人們的願望互相衝突或重疊。所以，人們不妨說，這就有了一項巨大的社會工程任務。這就有了一項使生活物資和滿足生活在一個政治組織社會中的人們的各種要求和願望的手段，在不能滿足人們對它們的一切要求的情況下，至少盡可能地做得好些。這就是當我們說法律的目的是正義時的意思。我們認爲正義並不意味著個人的德行，它也並不意味著人們之間的理想關係。我們認爲它意味著一種制度。我們認爲它意味著那樣一種關係的調整和行爲的安排，它能使生活物資和滿足人類對享有某些東西和做某些事情的各種要求的手段，能在最少阻礙和浪費的條件下盡可能多地給予滿足。

以這樣的方式來看待這件事情時，我們必須以個人對享有某些東西或做某些事情的要求、願望或需要作爲出發點，也可能以不強迫他去做他所不想做的事情的要求、願望或需要作出發點。在法律科學中，從耶林以來，我們把這些要求、願望或需要稱爲利益。

一個法律制度透過下面一系列辦法來達到，或無論如何力圖達到法律秩序的目的：承認某些利益；由司法過程（今天還要加上行政過程）按照一種權威性技術所發展和適用的各種法令來確定在什麼限度內承認與實現那些利益；以及努力保障在確定限度內被承認的利益。

[66] 爲了說明現在的問題起見，我想將利益規定爲人們個別地或透過集團、聯合或親屬關係，謀求滿足的一種需求或願望，因而在安排各種人們關係和人們行爲時必須將其估計進去。法律秩序或作爲決定爭端之用的一整套權威性指示或根據這種意義上的法律，並不創造這些利益。在自然狀態的古老觀念和自然權利理論中，就有這些眞理。即使沒有法律秩序和一整套關於如何行爲或如何作出決定的權威性指示，這種意義上的利益也還是存在的。哪裡有許多人發生接觸，那裡就有人們對享有某些東西和做某些事情的各種要求。從來沒有過一個社會，居然會有如此多的滿足這些要求的剩餘手段，或居然會有使每個人去做一切他所謀求的或要求去做的事情的剩餘機會，以致在滿足這些要求時不再有什麼競爭。各種利益之間之所以產生衝突或競爭，[67] 就是由於個人相互間的競爭、由於人們的集團、聯合或社團相互間的競爭，

以及由於個人和這些集團、聯合或社團在竭力滿足人類的各種要求、需要和願望時所發生的競爭。

誠然，懷疑論現實主義者是不同意這一命題的。他們說人們所提出的各種要求乃是法律的一個結果而不是法律的起因。他們對我們說，我們並不因爲由於我母親給了我這個錶，我提出占有的要求而保障我占有我的錶並只由我來使用它的願望，而我的要求是爲政治組織社會所承認並透過一種法律認可的權利來實現的。他們認爲，我這樣要求，是因爲法律教導我和其他人要作爲所有權人而提出要求。法律既然教導我們對事物要如此提出要求，我們也就得出了一種將權利歸因於我們自己的根據——一種先行存在的道德上的要求——然後我們就說這種要求是被國家所支持的；據說，如果不是法律指定我們去控制，我們本來是不會對事物提出要求的。讓我們來看看吧。工人們堅決地提出對工作的既得權利的主張究竟是在最近立法承認和實施這種既得權利以前還是以後呢？究竟是法律教導工人去主張進行靜坐罷工呢？還是在法律沒有聽說過這樣一種事情以前，工人們就提出了這種主張而且必須要由法律來告訴他們不准提出這樣的主張呢？

所以，我們必須從法律並不創造這些利益這一命題出發。法律發現這些利益迫切要求獲得保障，它就把它們加以分類並或多或少地加以承認。它確定在什麼樣限度內要竭力保障這樣被選定的一些利益，同時也考慮到其他已被承認的得益和透過司法或行政過程來有效地保障它們的可能性。在承認了這些利益並確定其範圍後，它又定出了保障它的方法。它還爲了下列目的而規定各種價值準則：爲了確定哪些利益應予承認，爲了確定保障各種被承認的利益的範圍，以及爲了判斷在任何特定場合下怎樣權衡對有效法律行爲的各種實際限制。

利益是各個人所提出來的，它們是這樣一些要求、願望或需要，即：如果要維護並促進文明，法律一定要爲這些要求、願望或需要作出某種規定，但是它們並不由於這一原因全都是個人的利益。我們不要把法學家所使用的作爲權利要求的利益和經濟學家所使用的作爲有利的利益二者加以混淆。講到人們提出的主張或要求，那麼利益也就分爲三類：個人利益、公共利益和社會利益。有些是直接包含在個人生活中並以這種生活的名義而提出的各種要求、需要或願望，這些利益可以稱爲個人利益。其他一些是包含在一個政

[69]

治組織社會生活中並基於這一組織的地位而提出的各種要求、需要或願望。還有一些其他的利益或某些其他方面的同類利益，它們是包含在文明社會的社會生活中並基於這種生活的地位而提出的各種要求、需要或願望。

每一種要求並不一定永遠只屬於其中一個範疇。同一要求可能基於不同的地位而被提出，因而必須從不同角度來看待。同一要求可能從一個以上的生活方面的地位而提出。因此，當我控告某人未經我同意而取走我的錶，以便恢復我對錶的占有或取得錶的貨幣價值，作為剝奪我對錶的占有的賠償時，我對錶的要求是作為個人的物質利益而提出的。但是我的要求也可以被認為是與保障占有物的社會利益相一致的，而且當我透過相應控告使區檢察官對偷竊我的錶的人就其所犯盜竊罪起訴時，我的要求就作為保障占有物的社會利益而提出。

對過去迫切要求得到承認和保障的各種利益的情況一般地介紹一下也就夠了。個人利益可以分作：人格的利益、家庭關係方面的利益和物質利益。人格利益就是那些包含個人的身體和精神方面的利益。一種形式是保障一個人的肉體和健康方面的利益。又一種形式是關於自由行使個人意志的利益——即免受強制和欺騙，而強制和欺騙使一個人被迫或被騙去做在他在自由意志下或在瞭解事實眞相時所不會做的事情。又一種形式是關於自由選擇所在地的利益，即一個人選擇他將到哪裡去和將在哪裡留下的主張。又一種形式是關於一個人的名譽，保障其不在周圍的人中間受到誹謗和對他的地位的其他侵犯。又一種形式是關於契約自由和與別人自由地發生關係，以及與此密切聯繫的使自己自由地從事或被雇於合適的或本人認爲合適的任何職業的利益。還有一種形式是自由信仰和自由言論。但是其中每一種形式都會與其他被承認的利益發生競爭，因而就需要限制。例如，契約自由和選擇職業自由的利益就與經由工會所提出的工人們的各種要求發生競爭，而在一個多世紀以來，這些利益曾爲法院和立法方面帶來了特別困難的問題。

在家庭關係方面的個人利益也造成了許多困難問題。夫婦每一方都對整個社會主張或要求外人不應妨害他們的關係。可是這些弊端表明它們是與維護這些要求的訴訟同時出現的，所以許多州在估量到所有有關利益後，就不得不取消了這些訴訟。這些利益雖仍得到承認，但現在並未給予有效的保

[72] 障。家庭關係也包含夫婦雙方對另一方提出的各種相互主張或要求。丈夫對妻子社交生活和操作家務的各種要求，以前是充分加以保障的，但是由於與妻子在自由自我做主方面的個人利益加以權衡比較，丈夫的那些要求就被剝奪了所有實質上的法律保障。另一方面，妻子要求丈夫對她扶養和維持生活方面的主張或要求，則不僅獲得承認，而且用各種方式加以規定，從而使上述主張或要求成爲法律中最受到保障的利益之一。關於牽涉父母與子女關係的各種利益，在以前，父母的各種要求是用「管教」（即體罰）的特權、對子女收入的控制和在各個階段教育和養育子女的廣泛權力來實現的。但是今天，子女的個人利益和關於未成年子女的社會利益，到處被估量爲重於父母
[73] 的利益；我國大城市裡的少年法院、家庭關係法院和家庭法院已大大改變了這些利益間在法律上的均衡。

個人基於經濟生活的地位所提出的那些要求或需要稱爲物質利益。人們馬上會想到關於控制作爲財產法主體的有形物體的各種要求，以及關於履行作爲契約法主體的約定利益的各種要求。但是最好還是讓我們來注意一下與其他人發生的各種經濟上有利的關係中的一些利益。這樣的關係可以是社會

的、家庭的、公務的或契約的關係。一個人如果被非法地和惡意地從一個社交團體開除出去，他在名譽和社會地位上所受到的損害可能在經濟上對他有嚴重的影響。但是我們也一定要考慮到其他的要求，我們不能忽視其他成員關於他們自己的團體可以自由地作出決定的各種主張。如果他們堅持不肯與那個被開除的人一起做那個團體的成員，我們就不能強迫他們這樣做。在有一個案件裡，法院判令恢復一個被非法地開除出去的人的會籍，結果那個團體在恢復了他的會籍後，就自行解散，並重新組成一個不讓那個人參加的新團體。

我已經指出過，丈夫對妻子社交生活、愛情和操作家務的各種要求，無論是在外界對家庭關係進行干涉或妻子拒絕遵守這種關係時，已不再能獲得有效的保障。其他的利益已經得到承認並被給予更高的價值。至於在公務關係方面，則必須把各種公共利益考慮進去，賺錢商界中陳舊的財產概念，早已被捨棄了。但是就我們來說，最重要的問題產生在契約關係方面。如果某人與另一個人訂立了一項契約，他就對整個社會提出了一種要求，即第三者不得插手進來誘使另一方破壞契約。可是在這方面第三者也可能提出必須加以考慮到的主張。不久以前，勞工法中的一些最困難的問題，就是圍繞著對工人組織在誘使工人破壞僱傭契約方面的各種主張給予承認而產生的，而這種承認應該被認爲是給予一種妨害這些契約的特權。[75]

說到公共利益，只舉一個困難的估量問題作爲例子就足以說明一切了。當社會的政治組織先後與血親組織和宗教組織爭奪在社會控制方面的支配地位時，國家的尊嚴當時是一個很嚴重的問題。由於承認了這種利益，下列一連串事情就都確定下來了：未經國家同意，國家不能被控訴；國家所負債務不能用來抵消它所提出的要求；國家不因其官員的行爲而受到妨害；以及國家的各種要求不因官員疏於提出它們而喪失，也不因任何限制而受到阻礙。對其中某些命題來說，也還有其他一些根據。政治組織的效率不得遭受阻礙的利益也被考慮進去。但是目前我們要問的是，社會政治組織的尊嚴應在多大程度上被當作值得考慮的利益。鑒於對國家尊嚴的觀念業已改變，上述這些命題在今天應在多大範疇內予以維護，就成爲公法上的一個爭論問題。

[76] 可以用整個一次講演來講述一系列的社會利益。一般保障似乎是過去最

明顯的一個。這包括：和平與秩序的要求（這是得到法律承認的第一個社會利益），一般安全（在公共安全就是最高的法律這個準則中早已得到承認）、一般的健康狀態、占有物的保障以及買賣的保障。這裡只要舉出一個各種被承認的利益之間互相衝突或重疊的例子，就足夠了。從占有物的保障這一觀點來看，一個非法地取走並持有另一個人財產的人，絕不能把多於本人所具有的權利轉讓給第三者。但是從買賣保障的觀點來看，人們如果不瞭解或沒有注意到原所有人的權利，而善意地在一個商業買賣中與占有財產的那個人進行了交易，他們一般應當受到保護。有人主張，即使是非法的占有，也應當給予一種權力，就占有和表面上所有的東西進行商業買賣。這個關於所謂流通能力的範圍問題已在世界各地普遍發生，而最近立法已給予買賣的保障比給占有物的保障以更大的地位。

與此密切有關和同樣重要的，是關於保障家庭、宗教、政治和經濟各種社會制度的社會利益。關於離婚立法方面的麻煩問題，其關鍵在於給予夫妻雙方個人的各種要求，或把婚姻作為一個社會制度看待的社會利益以相應的比重。關於懲治叛亂的立法和保證言論自由的司法保護這二者之間的麻煩問題，其關鍵在於給予從屬於一般進步和個人生活這些社會利益之下的個人信仰和言論自由的利益，或給予保障社會制度的社會利益以相應的比重。最近的立法充滿了有必要使各種經濟制度的保障和個人生活相調和的例證。

某些其他重要社會利益，如在一般道德方面的利益，使用和保存社會資源方面的利益，以及在社會、政治、經濟和文化等方面一般進步的利益，這些只能在這裡略提一下。最後，但絕不是次要的，還有個人生活中的社會利益——即以文明社會中社會生活的名義提出的使每個人的自由都能獲得保障的主張或要求，這種要求使他獲得了政治、社會和經濟各方面的機會，並使他在社會中至少能過一個合理的最低限度的人類生活。這裡，我們也不斷地遇到各式各樣的重疊和衝突，而且必須加以調整。我們完全可以這樣說，必須將這一範疇中的每個項目和許多別的項目擺在一起來加以估量，而不能容許其中任何一個專案達到最充分的程度，不然就會損及整個範疇。

當任何一個主張或要求已被拒絕承認或已得到承認並被劃定了界限時，法律對這個主張或要求的任務還沒有最後完成。有些尚未被採納的主張，還在不斷地要求得到承認。有些已經得到承認的主張，則正在不斷地爭取獲得更高的評價。例如，有組織的工人所要求於法律秩序的，並不是由於在這些組織中的工人們和工人組織並沒有得到像其他訴訟當事人或參加訴訟的組織所得到的待遇，而是由於他們不滿足於這些待遇。他們認為：他們的要求應當享受比法律公式所賦予的更高的價值，法律只是一般地把他們放在與個人同樣水平上，並把他們的爭端和普通的非法侵害、違約以及妨害契約和商業關係同樣對待。此外，還有些主張和主張之間的衝突，曾引起了長期存在的法律疑難。在一個著名的案件裡，立法者和法學家，從西塞羅[1]時代以來，就一直在辯論和運用他們的才能，可是直到今天問題仍然沒有比當年更接近於完全滿意的解決。

因此很顯然，當一份要求得到承認的主張或要求的細目提出來時，下一步就是承認它們，部分地承認它們或拒絕加以承認，並要對那些得到承認的

1 西塞羅（Marcus Tullius Cicero，前一〇六—前四十三年），古羅馬政治家、哲學家和雄辯家。——譯者注

主張或要求確定限度。可以設想，這些都可以任意地加以決定。但是對利益的任意調整，是不能長久維持的。當人們的主張和需求不僅被拒絕承認而且還是在非理智的基礎上被否認時，他們會感到雙重的不滿。因而，對各種利益的承認或拒絕承認以及劃定那些得到承認的利益的界限，最終都是按照一個確定的價值尺度來進行的——這是我將在本書最後一章中加以討論的問題。隨之而來的是如何保障已得到承認並被劃定了界限的利益問題，而這就把我們帶到了關於各種權利的十分麻煩的問題上來。我們主要是透過把我們所稱的法律權利賦予主張各種利益的人來保障這些利益的。

什麼是權利？據說有一個殺人案件的愛爾蘭陪審官員向審訊法官遞送了一張條子，問他一個頭蓋上長有一塊比蛋殼還薄的斑點的人，如果他到豬市場去的話，是否就沒有被殺死的權利。這裡，「權利」意味著合理的期望。除了哲學或形而上學的倫理理由外，一個人可以有以經驗、以文明社會的假設或以共同體的道德感爲基礎的各種合理期望。其中某個或所有的合理期望可能爲法律所承認和支持，從而變得更加合理。這時，我們就說一個自然權利或道德權利，同時也成了一個法律權利。可是這種期望也可能是單純地和僅來自法律，在這種情況下，我們就說只有一個法律權利。一個法律權利，除了它是對各種合理期望或被相信爲合理期望的承認（這些合理期望表達了文明生活的各種假設）之外，很少是有意識地和故意被授予的。

讓我們來觀察一下這些假設或假說。最普遍的和最基本的可以說成是：在文明社會中，人們一定要能假定其他人不會故意地侵犯他們。不管什麼經驗會教導上述愛爾蘭陪審官在豬市場上的那種期待，在世界的這個部分，我們的經驗教導我們：我們可以合理地期望，到郡鎮集市去而不會在我們頭上遭到粗橡樹棍的毆打。馬克．吐溫[2]說過皮靴英雄的故事應當稱爲「斷樹枝」的故事，因爲每當故事的緊要關頭，總是有人踏在一根斷樹枝上，然後印第安人就向他撲過來了。在今天的文明社會裡，一個人不需要總是在高空下行走或者避免踏到斷樹枝上去。他無須像在十五世紀的義大利那樣，在城市街道上繞大彎行走，以免在靠牆邊行走時，會有一個暴徒伺機殺死他。我

[2] 馬克．吐溫（Mark Twain，一八三五－一九一〇年），美國作家，其代表作有《湯姆歷險記》等。——譯者注

們的日常生活就以有不受故意襲擊的自由爲前提。

還有，這也是一個假設，一個文明社會的法律前提，即：凡是採取某種行動的人將在其行動中以應有的注意不使其他人有遭到不合理損害的危險。所以當我們穿過街道時，可以合理地期望不會有人不顧紅綠燈的交通管理規則而開車撞到我們身上來。

再有，共同集體的道德感和經濟秩序的迫切需要，要求人們信守他們的諾言。人們將實現由於他們的諾言或其他行動而合理地形成的合理期望，這一點也是一個法律前提。所以當你早上借給你鄰人一角錢車費，你就可以合理地期望，在你下一次遇到他時，他就會還給你那一角錢。所有這些合理的期望都爲法律所承認和支持。所以你就有了人身安全和收回一角錢的一種法律權利。但是這只是用常識的方法來說明了事實。法律從已經形成文明生活中各種假說的經驗當中取來某些觀念，並給它們蓋上法律權利的印記。除此以外，還有一些方面的問題，自從希臘的主張社會控制的哲學家們最先提出後，一直爲人們所爭論。

希臘哲學家們並不議論權利問題，這是事實。他們議論的是，什麼是正當的或什麼是正義的。但是羅馬人卻以法律，即政治組織社會的強力的系統適用，來支持凡是正當的或正義的事情，而這就引到權利的觀念上來了。所以，希臘人在當時所考慮的是事情的癥結，即在人們互相衝突和重疊的要求之間，什麼是正當的或正義的。我們可以感到一個主張應當由法律加以承認和保障，於是稱它爲一個自然權利。它可能爲共同集體的一般道德感所承認並爲道德輿論所支持，這時我們稱它爲一個道德權利。它可以爲法律所支持，而不論有無任何其他東西支持它，這時我們稱它爲一個法律權利。希臘人並沒有明顯的權利觀念，他們講到正義和用於特定場合的正當行爲，他們所考慮的毋寧說是一種確定的或法律上被承認的道德義務。

在羅馬法中，也沒有明確的權利分類或權利概念。我們譯爲「一個權利」的拉丁字「jus」，並不比羅馬法書本裡用它來表達的十種意義中的四種更接近於我們所理解的這個詞。這四種最接近的意義就是：㈠受到法律支持的習慣或道德權威，例如家長的權威；㈡權力，即一種受到法律支持的習慣或道德權力，例如所有人出賣其所有物的權力；㈢自由權，即一種受到法律承認的正當自由，例如一個人在他的土地上運用他建造房屋的天然才能，縱使這所房屋是一種粗陋不堪的小屋並觸犯了他的鄰人的審美感；㈣法律地位，即法律秩序中的地位，例如Jus Latii，一個不是公民但具有有限公民身份的人的法律地位。

在中世紀後期，湯瑪斯．阿奎那[3]向我們提出了把權利理解爲正當要求的明確概念。但直到十六世紀，jus作爲「一個權利」才明確地區別於jus作爲正當的和jus作爲法律。到十七世紀才發生了從自然法到自然權利的過渡，即：從各種規定正當行爲的理想法令這樣一個理想體系，過渡爲對擁有某些東西和做某些事情的要求，這些要求是在一個理想狀態（自然狀態）中理想的人會提出的，並且也會承認其他人的這些要求。由此產生的關於法律作爲保障人類自然權利的一種手段的理論，在法律科學中保持了三個世紀的地位。但最後，人類的自然權利變成像君主的神授權利一樣暴虐。

[85]

3 湯瑪斯．阿奎那（Thomas Acquinas，一二二六—一二七四年），西歐中世紀神學家和經院主義哲學家。——譯者注

格勞秀斯[4]把權利看作一種品質，認爲權利是人作爲一個理性動物所固有的一種品質。由於它是一種道德品質，就使得一個人擁有某些東西或做某些事情是正當的和正義的。這就是十八世紀的法律和政治學說，這就是《獨立宣言》中所主張的各種不可轉讓的權利。霍布斯[5]和斯賓諾莎[6]根據自由權來解釋權利。權利就是一種免受干擾的條件。霍姆斯法官[7]在其關於普通法的經典講授中就是這樣說的。他告訴我們說，一個權利是「對行使一定自然權力的一種允許」。我們要注意的是：霍布斯和斯賓諾莎是從反面說明權

[86]

---

4 格勞秀斯（Hugo Grotius，一五八三－一六四五年），荷蘭法學家、古典自然法學主要代表之一，近代國際法奠基人。——譯者注

5 霍布斯（Thomas Hobbes，一五八八－一六七九年），英國唯物主義哲學家，古典自然法學主要代表之一。——譯者注

6 斯賓諾莎（Benedict Spinoza，一六三二－一六七七年），荷蘭唯物主義哲學家，古典自然法學代表之一。——譯者注

7 霍姆斯（Oliver W. Holmes，一八四一－一九三五年），美國法官，首先將實用主義哲學應用於法學。——譯者注

利是在法律上不干擾人類的自然自由，而霍姆斯法官卻從正面說它是政治組織社會對行使各種自然能力的允許。所以這三個人都著眼於法律透過某一種方式來保障各種被承認的利益：透過一種「不要管」的制度，透過使某一整個行動領域不受法令的阻礙方式，透過容許在某些環境中和在某些場合下人們的自然能力不受限制的一般情況。在十九世紀下半葉的歐洲大陸，往往把羅馬人對權利的觀念，即受到法律支持的正當要求，用一種近代的形式表現出來。當時人們說，一般是正當的要求透過法律就成了一個特定人的權利。

耶林透過使人們注意權利背後的利益，而改變了整個的權利理論。他說權利就是由受到法律保護的一種利益。所有的利益並不都是權利，只有爲法律所承認和保障的利益才是權利。我對我的錶提出了一個權利主張，我要求被准許持有、使用和控制它。法律，在理解爲透過政治組織社會的強力而體現的社會控制制度的意義上，保護我這種主張或要求。耶林說，因而我就對錶有了一種法律權利。也許已經看到，格勞秀斯和十九世紀的形而上學法學家們強調的是倫理因素，即把利益的道德評價作爲保障利益的根據。另一方面，霍布斯、斯賓諾莎、霍姆斯和耶林則強調政治因素。不論利益有無一種道德價值，政治組織社會對它的保障就使它成爲一種法律權利。

這些定義是根據法律秩序對各種利益的承認和保障的某一特點而作出的，在法學中，本已令人感到複雜，可是一個法律權利比這些定義所令人感到的還要複雜得多。還沒有任何一個詞有這麼多的含義。人們可以說，它值得花費一個八小時工作日，並支付超時工資。作爲一個名詞，權利這個詞曾被用於六種意義。第一，它指利益，就像在關於自然權利的很多討論裡所使用的那樣。在這裡，權利可以解釋爲某一特定作者認爲或感到基於倫理的理由應當加以承認或保障的東西，它也可以解釋爲被承認的、被劃定界限的和被保障的利益。比如，《獨立宣言》中所主張的權利和各項權利法案所保證的權利，就是人們設想應當爲政府所承認並付諸實施的各種主張或要求，而在當作國家最高法律來執行的憲法中，它們就成了耶林意義上的權利。不過在耶林的理論中，被保護的利益和用來保護這一利益的法律制度之間存在著混淆。

第二，權利這個詞被用來指法律上得到承認和被劃定界限的利益，加上用來保障它的法律工具，這可以稱為廣義的法律權利。第三，權利這個詞被用來指一種透過政治組織社會的強力（保障各種被承認的利益的工具的一部分），來強制另一個人或所有其他人去從事某一行為或不從事某一行為的能力。例如，我有占有我的錶並在別人從我那裡取走它時恢復我對它占有的法律權利；我有不讓別人到我屋子裡來的權利；我有要求某人履行他在法律規定的方式下所承諾的事情的權利；我有維護我的人身不受侵犯的權利。這可以稱為狹義的法律權利。

第四，權利這個詞被用來指一種設立、改變或剝奪各種狹義法律權利從而設立或改變各種義務的能力，最好稱之為法律權力。例如，受當人出售典當人的財產的權力；代理人移轉本人財產、訂立契約約束本人或使他對一種侵權行為負責的權力；一個以未經登記的契據轉移土地的人，因將土地轉讓給一個交付價款而沒有注意誰先登記的買主，有否定產權的權力。在最後一個例子裡，必須注意，行使這種權力是一個法律上的錯誤行為。法律之所以使它有效，是為了維護對買賣的保障。但是這樣行使權力的人，要對那個喪失產權的人所遭受的損失負責。第五，權利這個詞被用來指某些可以說是法律上不過問的情況，也就是某些對自然能力在法律上不加限制的情況。可以有一種對整個活動領域不加過問的一般情況。在這裡，我們就說到自由權了。所謂從事合法職業的權利，就是這樣一種自由權；這就是說，法律不強使某人從事某一特定職業，而讓他保有爲自己選擇某種職業的天賦自由。還有，一個所有權人具有使用和享受其財產果實的自由權。在他的利益被承認的限度內，他可以採取他所喜歡的方式來使用和享受。或者，不同於上述的一般情況，也可以有一種就某些特定場合下不過問的特殊情況，這就是在特定場合下免除對過錯所負的責任。這些最好稱之爲特權。例如：所謂偏離的權利，即當公路不能通行時，無害地通過毗鄰地面的特權；所謂緊急情況的特權，例如遇到暴風雨時把一條船依靠在一個碼頭上或在被一個攜有斧頭的瘋人追趕時爲了逃跑躲避而穿過鄰人的土地；一個與秘密通報損壞名譽的消息有關係的人，享有將該消息傳達給另一個與該消息有關的接受人的特權。[90]

最後，第六，權利還被用在純倫理意義上來指什麼是正義的。在歐洲大陸的各種語言中，我們譯爲「權利」的這個詞，另外還有法律的意義。[91]

利益、利益加上保障這種利益的法律工具、狹義的法律權利、權力、自由權和特權，這六者在任何細心的思考裡，都需要加以區別。不幸我們沒有一個用於第二種意義的詞，而這一意義卻往往是很重要的。在歐洲大陸，直到十九世紀最後三十多年；而在英美，則直到這一世紀，才開始有了上面這些區分。因而我們的術語仍然有缺陷，這是不足爲奇的。

我們一定要記住：一個利益可以爲一個不具有狹義意義上的法律權利的權力所保障。例如：妻子受贍養的利益，由一種以丈夫的信用來擔保必需品供應的權力所保障。可是在普通法上，妻子無權就這一點控告丈夫。有時，一種利益可以同時用各種不同方式加以保障。比如，一個土地所有權人的利益受到下列各種方式的保障：占有土地的法律權利；排除其他人於土地之外的法律權利；處理土地的法律權力；使用土地和享有其果實的自由權；以及移去鄰人所置的、危及土地的障礙物的特權。

但是所有這一切剛剛被分析派法學家們所提出的時候，有些法學家卻在本書前一章所講的懷疑論的思想方式影響下，馬上開始否認有權利這樣的東西存在，否認在法律秩序所承認和保障的各種主張後面，除了那些掌握政治組織社會的權力的人所施加的強力以外，還有什麼別的東西。因而狄驥說：「個人沒有權利，集體也沒有權利。」這就是說，他認爲在法律所規定的促使行爲或不行爲的各種能力背後，不存在人類的任何品質、道德主張或被承認的利益。法律單純地實施它所確定的各種社會職能。在社會中，每個人都有自己要履行的某種職能。不能容許他不去履行這種職能，因爲如果他不去履行，就會產生對社會的危害。所以他所做的違反這種職能的每一個行爲都要受到壓制，而他爲了實現這種職能所做的一切則都受到保護。但是他的各種主張、要求或需要，則都是與此完全無關。然而人們的各種主張、要求和願望卻總是不斷地向立法機關、法院和行政機關壓迫，除非爲他們作出某種規定，他們是不會滿意的。狄驥向我們提出的，實際上只是一種用來確定承認利益和劃定利益界限的價值準則。

馬克思的法學門徒認爲所有這一切都是屬於與社會上或經濟上占統治地位的階級的自我利益有關的事情。代表和表達這種自我利益的法律，告訴我們中的某些人，去預期法律將強制其他人去承認和服從的某些事情。各種權利乃是實現私有財產的手段。在將來沒有財產因而也沒有階級的理想社會裡，權利將消失，因爲權利所依靠的是統治階級將其自我利益強加於在其統治下那些人身上的權力。

另一類型的思想家，發揮了一種新型的分析法理學，他們認爲基本概念是過錯，而不是權利和義務。沒有因侵犯權利而造成的過錯；也沒有和權利相關聯的義務。有過錯就是因爲某人做了某件事，而對這種事法律規則曾威脅要帶來使用國家強力的後果。如果這種強力是基於某個個人提起訴訟而行使的話，那麼他便可以從這裡得出一個他具有一種沒有獲得保證的權利的推論。可是法律並不是爲了保障他的權利而施加威脅，他的權利是從威脅的效果裡推論出來的。就像霍姆斯法官所說的，法律概念備受嘲笑，一切倫理成分都被清除了。

關於這種法律威脅的理論和隨之而來的我們一向稱之爲權利的威脅理論，我們將說些什麼呢？如果我借錢給你的話，難道除了只考慮一旦你不把錢還給我時，就將出現由法院或警官拿著強制執行命令來向你要債，並將錢還給我的威脅以外，就沒有別的考慮嗎？如果你變賣我的錶的話，難道除

[95] 了考慮如果你果眞這樣做，警官就會拿著發還物品命令來，將錶索回並交還給我的威脅外，就沒有別的考慮了嗎？如果你誹謗我的話，難道除了考慮如果你果眞這樣做，陪審官就會作出一個令你賠償損失的裁決這種威脅之外，就不考慮別的什麼了嗎？如果你根據一個委任證書接受任命的話，難道除了考慮衡平法院會要你按照善良行爲的標準辦事，並使你就犧牲受益人利益所得的利益對他負責這一威脅外，就沒有其他可以考慮的了嗎？如果在所有這些場合，我們只考慮特定的事實情況，那麼就必須爲每一種特定事實情況規定一個特定的威脅。可是自從十八世紀以來，任何一個最詳盡的法典都未曾企圖這樣做過。這是由於在各種威脅（如果你們願意這樣稱它們的話）的後面，有著爲人們所理解、得到人們承認的和被劃定界限的各種利益，還由於有著我們謀求透過威脅手段來加以實現的許多公認理想，使我們能有把握地應付絕大多數新產生的事實情況，而不必預先爲每一情況規定和頒布新的詳細的威脅。威脅理論是將一整套法律，像刑法典一樣，看作是預先爲每一個[96] 確定的、詳細的事實情況規定一個確定的、詳細的威脅性後果這樣一種思想而產生的結果。

這種認爲不存在權利而只存在爲政治組織社會的統治機構所宣告的威脅，這種威脅被執行後個人能獲得一定好處的觀念，是政治專制主義在全世界興起的象徵。在專制政體和這樣一些法學理論的支配之下，專制者或官僚就沒有必要去爲權利操心了，也就是說，沒有必要去爲任何一個人的利益、要求或需要而操心了（不論其是否正當的、合乎道德、正義的或是否與其他人所主張的相協調）。憲法上的保障只是虛幻的保障，人們對它們可以置之不理。只要統治者發出威脅，並且有一個在他控制下的強有力的政治組織來貫徹它們，這就夠了。只要有一個行政官員被授予執行某些威脅的權力，這就夠了。任何一個人都沒有任何資格提出各種權利來反抗該行政官員行使其權力的方式。行政機構的這些觀念，在目前政府中是極爲普通的，它們是這樣一些理論的產物：認爲我們不能對所要保障的要求的性質提出任何證明；認爲我們不能有把握地建立任何價值尺度；認爲我們無法令人信服，一方面，鑒於其他要求的存在，我們所承認的要求必須有所限制；另一方面，根據我們賦予某一要求的價值並加以衡量，確定某一要求應當優於其他要求；認爲法律除開是威脅的總和外，再沒有別的東西。我們只有試圖做些什麼，再沒有別的更好辦法。如果我們放棄我們過去曾設法想做的事，並且說：

「無論有無理由，讓那些控制政治組織社會的強力的人去行使他們認爲合適的各種威脅吧」，那麼我們也就放棄了從古典羅馬法學家時代以來使法律成爲文明的一個主要表現的那些努力了。

把這些說法稱爲「現實主義」，這是自吹自擂，而不是說明問題。它們忽視了經由政治組織社會所進行的社會控制的一個最重要的特點，即謀求在理性的基礎上並以人們所設想的正義作爲目標來實現社會控制。這種所謂法學的現實主義很像藝術的現實主義一樣，後者迷信醜惡和虛僞的教條（因為那些憎惡教條的人可以像宣揚教條的人一樣是教條的），認爲醜惡的東西既存在著，因此醜惡的東西就是重要的。法律秩序的各種特點一直存在著，而且有些目前存在著的特點，背離或不合乎我們企求實現的各種理想。可是在文明史中，當我們對內在本性的控制有了進展時，我們就愈來愈能控制各種背離理想的現象，而使其更加接近理想。究竟什麼是我們作爲建立法學理論根據的法律秩序的主要特點，是各種背離和不合乎理想的現象呢，還是對各種背離理想現象的日益增長的控制和各種不合乎理想的現象的日益減少呢？

讓我用藝術的現實主義的例子來加以說明。不久以前，一個法律學校的一些朋友們送給這個學校一幅法官的畫像，這個法官是該校的一個畢業生，他在司法界的長期經歷是傑出地獻身於正義理想和爲公眾福利取得出色成就的經歷。畫像的美術家在美術界享有盛名，人們一向選聘他在聯邦首都進行重要的設計。但至少在這一次，他覺得爲了眞實起見，應當成爲一個現實主義者。好像那位法官有個粗大的拳頭，而且當沉思時有在自己面前握著拳頭的習慣。他的朋友們沒有一個曾經注意過這一點，但是那個美術家卻看到了，並且就在這一點上看到了眞相。所以他把那個粗大的拳頭放在前景，作爲這張畫像的突出的特徵。它是那樣顯眼，以致引起了看畫的人的注意。如果某人的凝視能越過這個拳頭，那麼他就能看出法官不是很被著重的沉思面貌。但是對看這張畫像的大部分人來說，拳頭就是整幅的畫，它把畫貌全給遮住了。但是，究竟什麼是這個法官的主要特徵，是大拳頭（它肯定是存在的）呢，還是沉思的面孔呢？

重要的是法律權利背後的要求。如果沒有一個在理性基礎上受到承認的要求的話，那麼就只有爲了強力本身而任意行使強力，這恰恰是我們在獨立革命時所反抗的，而且爲了防止這種情況，我們在緊接著《獨立宣言》之後，就建立起了以分權爲基礎並冠以一個《權利法案》的政府結構。

如果從壞人的角度來說，威脅是對法學理論的考驗的話，那麼從其他的角度來看時，便可以有其他的解釋。從即須採取行動的人的角度來說，我們可以稱威脅爲一種規則，它爲善良的好人指出正確的道路，這條道路正是他想要知道和想要走的道路，而對於願意走另一條道路，但又有所害怕的不善良的人，也同樣可以這樣說。從即須作出判決的法官的角度來說，威脅是在規定或指引他作出正義決定時指導他的規則或原則。從企圖忠告壞人必須留心什麼和指導好人如何在指定的方式下進行訴訟的律師的角度來說，威脅是預測的基礎，即對掌握政治組織社會之權力的官員就其處理問題時將採取什麼行動進行預測的基礎。

誠然，從上述每一個角度出發，人們都可以發揮關於法律作爲一種威脅的觀念。但是，難道我們非要從某一角度出發來這樣做不可嗎？如果爲了合乎科學和成爲現實主義者，我們一定要冷酷無情的話，難道我們不能堅持把實際上被提出的各種要求、需要或願望作爲我們的出發點，同時問一問我們怎樣可以使那些能夠對各種要求進行調整，並在適當限度加以保證的威脅與對其他人的其他要求協調一致呢？怎樣承認甲、乙雙方的要求而不致消滅任何一方的要求——並且不致使雙方中任何一方去尋找一方企圖消滅另一方的解決辦法，這難道不是一個眞正的問題、一個超過虔誠願望的問題嗎？當人們被賦予權力時，他們就會傾向專橫。法律從一開始就設法壓抑這種傾向，而就整個來說，是做得很成功的。我們不要向那些「消極放棄」的哲學家們讓步，認爲這種傾向是不能加以壓抑的，認爲那些掌握政治組織社會的權力的人，不管他們願意與否，他們必然是要專橫武斷的。這樣的哲學，不是羅馬古典時代以來成爲法律史上創造性力量的哲學。這樣的哲學，不是使從奧古斯都[8]到亞歷山大・塞弗拉斯[9]時代的羅馬法學家們的著作成爲此後全世界法律工作者和立法者知識源泉的那種哲學。這樣的哲學，不是把《大

注

8 奧古斯都（Augustus，前六十三—十四年），羅馬帝國皇帝。

9 亞歷山大・塞弗拉斯（Alexander Severus），西元二世紀二三十年代的羅馬帝國皇帝。——譯者

憲章》中關於救濟具體冤屈的具體規定訂入保障整個英語世界自由的各種權利法案中去的那些人的哲學。這樣的哲學，不是使我們能把英國中世紀的土地法和十七世紀的程序法作爲十九世紀美國法律的根據的那種哲學。這樣的哲學，不是從十二世紀羅馬法研究復興以來使文明和法律一起前進的那種哲學。

第四章　價値問題

價值問題雖然是一個困難的問題，但它是法律科學所不能迴避的。即使是最粗糙的、最草率的或最反覆無常的關係調整或行爲安排，在其背後總有對各種互相衝突和互相重疊的利益進行評價的某種準則。這種準則可能僅僅是保持和平；它可能是保持社會現狀；它可能是促進最大限度自由的個人自我肯定；它可能是一個占統治地位的社會或經濟階級或是爭取成爲占統治地位階級的自我利益的實施；它可能是維護和加強一個已經確立的政治組織的權力。如果在有些時候和有些地方，這些價值準則是或多或少無意識地被樹立起來的話，那麼由於立法者和法律工作者們的出現，這些準則就日益獲得了系統的發展和制定，並日益與文明社會中的各種生活假說發生關係。在法律史的各個經典時期，無論在古代和近代世界裡，對價值準則的論證、批判或合乎邏輯的適用，都曾是法學家們的主要活動。羅馬法學家與希臘哲學的接觸；在中世紀書院裡，羅馬法和神學倫理學的並行教授；與理性哲學的興起同時，法學從神學中的解放以及法律從查士丁尼原文[1]中的解放；以及歷

1　查士丁尼原文，指東羅馬帝國皇帝查士丁尼（Justinianus，四八三—五六五年）所系統編纂的羅馬法，即後世所稱的《查士丁尼國法大全》。——譯者注

史法學和各種關於自由的形而上學理論的同時興起——所有這些都標誌著法律科學的不同時期，因爲在每一種場合，人們都使各種價值準則適應當時的法學任務，並使它們符合一定時間和地點的社會理想。

法學家曾經設想一種以神聖秩序爲典範的法律秩序，因而要求權威者提供一個準則。他們曾經考慮使法律秩序符合於一種道德秩序，這種道德秩序或者是從物質自然界秩序的類似情況中被啟示出來，或者是部分地從啟示中得到證明和部分地透過理性而被發現。有時，他們曾經設想法律秩序是一種理性的秩序，因而設想一種來自純粹理性的價值準則。在這種思想方式中，理性被認爲是能夠啟示一種具有普遍的和顛撲不破的效力的自然或理想法律的東西，它甚至是，如同我們現在所瞭解的，一種在某一時間和地點的實在法和法律制度的理想說明。有時，他們還曾經認爲法律秩序是以經驗爲依據的，因而曾經認爲它是一種代表文明社會生活經驗的價值準則。在那種思想方式中，生活經驗被設想爲透過各種政治和法律制度在調整關係和安排行爲時的經驗所發展而來的，這種經驗由立法者、法官和學者們制定爲各種公式，並由法學家們加以批判和系統化。因而，他們曾經設想法律秩序乃是一種歷史秩序。有時，他們還曾經認爲法律秩序是一種自由的秩序，一種保障每個人（所有其他人也都一樣）在最大限度上自由地運用其意志的制度。在這個觀點中，就有一種爲形而上學所論證的價值準則。更近一些時候，有人企圖創造一種以經濟學爲基礎的價值準則或企圖從階級鬥爭理論中推論出一種價值準則來，他們把價值歸因於一個階級而不歸因於個人，歸因於以一個階級的地位所提出的要求，而不歸因於以個人生活或社會生活的地位所提出的要求（社會生活地位把社會看作一個整體）。

今天的法學理論是處在什麼情況呢？有人主張最大限度地滿足物質需要。更多的人則辯護說要求任何一種價值尺度都是不可能的，或者即使建立起一種價值尺度的話，法官和官員們也不會遵守它。前一種看法以認識論爲根據。後一種看法則在佛洛伊德[2]心理學的基礎上得出結論。無論書本裡對價值標準是怎樣說法，法官和官員們的實際行爲將首先爲願望所支配，而在

2 佛洛德（Sigmuud Freud，一八五六—一九三九年），奧地利心理學家、精神分析學派創始人。——譯者注

事後把理性和權威抬出來以滿足另外一種願望，也就是使它顯得好像是合理的願望。前一種看法認爲法律是一種行使國家強力的威脅，從而設想法律是一種強力的秩序。後一種看法則根據個人心理來解釋司法和行政活動，從而設想法律是一種心理衝動的秩序。

霍姆斯法官則一反上世紀的形而上學法學，而從分析的觀點出發來立論，不止一次地表示他似乎把法律在一切意義上都歸結爲強力。例如他說：「我感到很明顯，不僅是君主的，而且也是所有私人的ultima ratio（最終論證）是強力。」但這並不意味著強力乃是法律價值的最終尺度。它意味著價值尺度爲了要成爲一種有效的尺度，最後必須爲強力所支持。霍姆斯在三十年以後又說：「在談到一部Corpus Juris（法律大全）的發展時，根本的問題在於社會上各種占統治地位的勢力所需要的是什麼以及它們是否需要到如此迫切，以致不管有什麼抑制在阻礙著都在所不顧。」可是社會上各種占統治地位的勢力所需要的東西，在過去都被法學家們弄成一種理想形式，各種法律價值尺度只被發覺是符合於這種理想，而不是從每種場合所發生的具體需要中去發現出來。另一方面，今天有這樣一種學說，它把每一個正在處理的案件中實現一種威脅或表達一種具體願望的單獨判決或行政決定，當作是唯一的、其本身就是法律，這樣一種學說更遠遠地超過了霍姆斯法官想把法律秩序說成是一種單純的強力秩序的看法。霍姆斯認爲道德是「對強力的最終統治地位的一種制約」。我國政治制度的奠基人認爲法律是對掌握政治組織社會權力的人行使強力的一種制約。可是目前的學說卻認爲各種制約都是幻想，只有爲政治組織社會的官員所行使的強力的存在才是法律。[108]

這樣一種學說在實際上可能意味著什麼，完全可以由國際法的現實情況來加以說明。作爲一個關於業已成爲社會控制主要手段的東西的理論，它是不能令人滿意的。無疑，我們不能提出一種每個人都必須接受和遵從的價值尺度。但是我們不能因爲這一緣故，就必須要把法律秩序擱在一邊，直到完成這一不可能完成的任務爲止。法律是一個實際的東西。如果我們不能建立一個爲每個人所同意的普遍的法律價值尺度，也不能由此得出結論，我們必須放棄一切而將社會交給不受制約的強力。我們有著幾個世紀以來用法律來調整關係和安排行爲的經驗，而且我們已經學會了去發展這種經驗，並利用[109]

它去衡量和評價各種利益。愛因斯坦[3]曾教導我們說，我們生活在一個曲線的宇宙中，這裡沒有任何直線、平面、直角或垂直線。可是我們並不因爲這一原因而放棄進行測量。直線和平面等等是不存在的，但是作爲一種實際活動的各種假設，它們爲了某種實際活動的實際需要，已經相當接近眞實。被近代各種法律體系所假設或接受的價值尺度，也是這樣。即使我們不能證明它們，我們卻可以利用它們，把它們看作爲了我們的實際目的已經足夠地接近於眞實。

法律在實際上對價值尺度這個問題是怎樣處理的呢？

如果我們著眼於各種法令的實際制定、發展和適用，而不著眼於法學理論的話，那麼我們可以說已經有了三種方法。一種是從經驗中去尋找某種能在絲毫無損於整個利益方案的條件下使各種衝突的和重疊的利益得到調整，

3 愛因斯坦（Albert Einstein，一八七九—一九五五年），著名物理學家。——譯者注

[110] 並同時給予這種經驗以合理發展的方法。這樣，尺度就成爲一個能在最小阻礙和浪費的條件下調整關係和安排行爲的實際東西。如果我們記住戴西[4]是在法律上被承認的利益這個意義上使用「權利」一詞，那麼他很好地說明了這一問題：

「怎樣才能既不削弱聯合行動的權利，又不剝奪個人自由權的價值；怎樣才能既不限制聯合行動的權利，又不破壞個別公民的自由權或政府的權力？目前到處都提出了這個問題，而且任何一個地方都沒有得到一個相當滿意的解決，瞭解這一點是極爲重要的。這個事實至少提出了兩個結論。一個結論是，在英國關於在處理我們的團體法時所感到的困難，其所以產生，在很大程度上，既非由於雇主的貪欲，也非由於工人的無理取鬧，而是由於事物的性質；另一個結論是，使兩種根本衝突的權利（即個人自由的權利和結社的權利）得到協調的方法，充其量只能是在這兩者之間達成一個大體妥 [111]

---

4 戴西（Albert Venn Dicey，一八三五—一九二二年），英國法學家。——譯者注

協。這樣一個對一個理論上不能解決的問題的實際解決辦法，有時是可能的。我國現行的誹謗法，就可以證明這一點。某甲的隨意說話或寫作的權利和某乙的在財產或品格上不因某甲的言論自由而受到損害的權利，誹謗法就是這兩者之間的大體妥協。這種妥協是成功的，它實質上容許了言論自由，同時又保護了英國人不受誹謗」。[5]

法律秩序實際上就是在這種方式下發生作用。這就是法院現在正在做的和至少從第一世紀那些羅馬法學家以來法官們或法學家們一向在做的事情。在近代法律的全部發展過程中，法院、立法者和法學家們雖然很可能缺乏關於正在做的事情的明確理論，但是他們在一種明確的實際目的本能支配之下，都在從事於尋求對各種衝突的和重疊的利益的實際調整和協調方法，以及（在不可能做得更多時）進行實際的妥協。羅馬法學家在西元初兩個半世紀中所完成的許多調整已經經受住了時間的考驗，並經歷了各式各樣的社

5 戴西：《十九世紀英國的法律和輿論》（英文版），第四六八頁。

會、經濟和政治變革，而在今天通行於全世界。這裡至少存在著一種有利於消滅或減少阻礙和浪費的工程學的價值。威廉·詹姆士認爲，凡是以最少的犧牲予人類要求以最大效果的東西，都具有一種倫理的價值。[6] 任何人如果接受新黑格爾派對文明的解釋，那麼他就會認爲，這種以最小限度的浪費來調整各種互相競爭的利益，就對文明有利，因而就有一種哲學的價值。

[112]

但是法律秩序的實際過程，並不止於用經驗（即透過反覆試驗和司法上的取捨）去發現有助於調整各種衝突或重疊的利益的東西。理性也像經驗一樣地有份。法學家們定出各種法律假說，即關於一定時間和地點的文明社會的關係和行爲的各種假設，並且用這種方法爲法律推理得出各種權威性的出發點。經驗在這個基礎上由理性所發展，而理性則受到經驗的考驗。於是，我們就有了第二種方法，即依照一定時間和地點的文明的法律假說來進行評價。當新提出的主張要求得到承認時，就用這些假說來加以衡量。當它們被

[113]

6 詹姆士：《信仰的意志》，英文版，第一九五—二〇六頁。

承認後，就用這個尺度來調整它們和其他被承認的利益間的關係。當它們與其他利益的關係被劃定界限時，用來保障這些利益的手段也是用同一尺度來確定的。

我在三十年以前，爲了系統地說明私法（即規定各種個人利益和個人之間關係的法律）的目的，曾設法將我們此時此地文明社會的法律假說，陳述爲五個命題和某些推理。就本書的目的來說，我們不需要再來注意這些推理了。我當時想要做的是要陳述法律對占有、財產、各種法律業務及其形成的關係以及對過錯的各種假設。我現在提出如下幾點假設：

第一，在文明社會中，人們必須能假定其他人不會故意對他們進行侵犯。

第二，在文明社會中，人們必須能假定他們爲了享受其利益的各種目的，可以控制他們所發現和占用的東西，他們自己勞動的成果和他們在現行的社會和經濟秩序下所獲得的東西。

第三，在文明社會中，人們必須能假定與他們進行一般社會交往的人將會善意地行爲，並從而將：

㈠履行由他們的承諾或其他行爲合理地形成的合理期待；

㈡按照社會道德感所給予的期待實現他們的約定；

㈢將因錯誤或在非預期或不完全有意的情況下弄到手的，即在有損別人的情況下所收下的他們在當時情況下不能合理地期望收下的東西，以原物或其等值物歸還；

第四，在文明社會中，人們必須能假定那些採取某種行動的人將在行動中以應有的注意不給其他人造成不合理損害的危險；

第五，在文明社會中，人們必須能假定那些持有可能約束不住或可能逸出而造成損害的東西的人，將對它們加以約束或把它們置於適當的範圍內。

[115]

霍金[7]教授認爲這些假說建立了「哲學和法律科學之間的聯繫」。[8]至少，這些假說似乎已爲上一世紀末期的法律所證實，並且也爲新提出的要求提供了一種價值尺度。但是愈來愈明顯的是，此時此地的文明要求規定出某些其他的很不容易加以陳述的命題，因爲有關利益的衝突還沒有得到澈底的調整，人們還不能合理地信賴使調整工作得以合乎邏輯地進行的基礎。

一般地說，保障有工作的人對工作的前提性要求，正在被承認。但精確地說，究竟對哪一類有工作的人和哪一類工作，才承認有這種權利，卻並不是清楚的。而且，與在一個工廠裡掌握多數票的組織進行集體談判的制度，似乎包含這樣一種命題，即：與占優勢的多數人組織相比，少數人對自己的工作將不再有被承認的權利了。目前人們充其量只能說，雇主和被雇人的關係正在從契約的領域中被移開，而趨向於包括一種不依靠協議的工作保障。

注

7 霍金（W. E. Hocking，一八七三—一九六六年），美國耶魯大學、哈佛大學法學教授。——譯者

8 霍金：《法律和權利哲學的現狀》，英文版，第九十五頁。

另一種正在出現的法律假設似乎是，在今天的工業社會裡，雇用著許多人的企業將負擔可稱爲人類進行活動中的損耗的責任。各項工人賠償法律的背後就有著某種這樣的假設。但在執行那些法律時，有很多情況要求一個更廣泛的命題。也還有一些其他的象徵，說明存在著第三個命題（這一命題可能包括了第二個命題），這就是個人的不幸將由整個社會來負擔。在稱爲責任保險理論和許多社會保險立法背後，似乎就有著某種這樣的前提。陪審官有一種傾向，認爲當任何人受傷時，某一有能力負責賠償的人就應當賠償，在這一傾向背後也許就有著想要達到某種上述前提的想法。在這樣的一些案件裡，布蘭韋爾勳爵[9]往往把一個扒手的故事講給陪審官聽，這個扒手到一個慈善布道會去，布道者的口才使他感動到這樣地步，以致他掏了旁邊每一個人的口袋，而把掏來的錢全都放在捐款盤裡。布蘭韋爾還建議，有人會要求一個法官以下述方式來指示陪審員：「先生們，唯一的問題是：你們眞正感到遺憾的，是原告還是被告？」利用一般裁決來促進「公平地分配經濟

9　布蘭韋爾勳爵（Lord Bramwell，一八〇八－一八九二年），英國法官。──譯者注

剩餘」這樣一個衆所周知的現象，在其背後可能就有對工業社會生活中所包含的風險進行分配的某種原始觀念。在上一世紀，這樣一些生活前提肯定是沒有的。在今天的社會裡，人們愈來愈多地假定這些前提。我們可以有把握地說，上一世紀的主要趨向是以一般安全的尺度來看待各種利益。而今天的日益增長的趨向則是以個人生活的尺度來看待各種利益。因此，關於某些問題的法律，正在從僅爲適應一個管理得當的經濟秩序的需要中更多地解脫出來，這是不足爲奇的。

第三種價値尺度，無論在羅馬法和近代世界法律的古典時代都被使用過，而在法律成熟時期則完全被確認了，這就是關於社會秩序從而也是關於法律秩序的一種公認的、傳統的權威性觀念，以及關於法律制度和法律學說應當是怎樣的東西，把它們適用於爭端時應當取得什麼樣的後果等的公認傳統性權威觀念。

不用說，這樣一些爲法律所吸收，成爲決定爭端的權威性指示之一部分的有關理想社會秩序的畫面，並不是一定時間和地點的社會秩序的攝影或甚至理想化的攝影。它們事實上只是以往社會秩序更加理想化的一些畫面，正在經歷著一個按照目前社會秩序的細節加以逐步潤色的過程。例如，在十九世紀前期美國形成時代定型的美國法律的公認理想，就更接近於美國過去開拓時期的農業社會，而不那麼接近於二十世紀美國典型的都市、工業社會。一般說，人們總設法根據過去社會秩序的畫面來解釋目前的制度。

例如，柏拉圖的《理想國》就是一幅理想的希臘城邦的畫面。亞里斯多德的《政治學》是一本關於作爲一個獨立的、在政治上和經濟上自足單位的希臘城邦政府的論著。他們每人心目中都想著斯巴達，而那時斯巴達的國家類型正在從舞臺上消失。他們每人心目中都想著希臘城邦，而那時這些國家的時代已成過去。再有，中世紀法學家的思想裡都有過「帝國」的學院式概念——即關於一個囊括整個基督教世界並與奧古斯都、君士坦丁[10]和查士丁尼的帝國一脈相承的帝國概念。這樣一個具有法律普及於帝國的觀念，產生

10 君士坦丁（Constantinus），古羅馬皇帝（三〇六—三三七年在位）。——譯者注

了曾爲半個近代世界的法律所接受的一種理想，而這種理想至今仍然對於各地的法律思想具有重要意義。可是這種使羅馬帝國理想化的理想，是在羅馬帝國業已完全過去和世界已經處於繼宗教改革後的民族國家前夕時產生和成形的。

還可以考慮我們的十七世紀經典法律著作背後的畫面，如出現在柯克[11]的《論利特爾頓》和《第二總論》中的社會和法律秩序的那些公認理想。在我國形成時期，不論對我們的私法和公法來說，這些著作都是新大陸的聖言。在這些著作背後，肯定地並沒有殖民地美國社會的畫面，它們也不是以伊莉莎白時代的社會爲背景而寫成的。在利特爾頓[12]的《租地法》裡所描述的制度，在寫作這本書時，就已是瀕死的制度了。這種制度不存在於莎士比

11 柯克（Edward Coke，一五五二—一六三四年），英國法官，法學家。主要著作有《英國法總論》（四卷）、《論利特爾頓》和《第二總論》（即分別指總論的第一、二卷）。——譯者注

12 利特爾頓（Thomas Littleton，一四〇七—一四八一年），英國法官，以《租地法》一書而著名。——譯者注

亞時代的英國精神裡，正如柯克《論利特爾頓》所賣弄的形式邏輯在培根時代只是一種時代錯誤一樣。可是中世紀英國的這種精神，這種對宗教改革前英國的理想化了的圖像，在治理世界各地英語民族的法律資料中卻是一個經久不衰的要素。

再有，國際法也提供了一個再好不過的例證。從十七世紀以來，國際法一直是以格勞秀斯寫作時代的政治世界的圖像作爲它的背景。十七、十八世紀乃是專制政府的時代。屬於法國舊制度君主那種類型的個人主權者當時統治著西歐的各主要國家。國際法的問題在當時就是一個調整這些個人主權者間的關係和指導他們的國際行爲的問題。他們以富有訓練的常規軍進行戰爭。他們如此完全地代表他們各自的國家，以致爲了一切實際的目的，簡直可以把國際關係看作就是主權者之間的關係，而關於戰爭的規則，可以被看作是對主權者交戰行爲的限制。國際法是根據這幅圖像成長的，而我們現在想的和講的也還是根據它的模型。可是它早已不反映現實情況了。

關於今天法律所安排的社會畫面，我們也可以作同樣的描述。作爲公認理想，這幅圖像現在仍然爲司法細節所遵循。從十七世紀到十九世紀，這幅圖像曾起了支配作用，而大概在十九世紀，它才具有它的最後形式。在這幅圖像中，關係是被忽視了，每個人都成了獨自存在的人，他是一個在經濟上、政治上、道德上從而在法律上自足的單位，他要透過自由競爭來爲自己尋求位置。至善就是這些單位最大限度的、自由的自我肯定。這些單位的主要特徵是它們的各種自然權利，即它們賴以享有某些東西或自由地做某些事情的那些品質。法律的目的是保障這些自然權利，最充分地和最自由地放任這些單位去進行競爭性的占有活動，並以最低限度的干涉來管理這種競爭。只不過十年以前，一個人還必須在表面上對這幅圖像口頭上加以吹捧，否則就會被人打上社會主義分子或共產主義分子的烙印。這幅圖像在我們這裡可能比其他地方維持得更久些，因爲它的確相當好地反映了一個擁有大片無人居住的公有土地和正待開發的自然資源的大陸上一個開拓時期的、鄉村的農業社會，但是它已不再是一幅今天必須在那裡實現法律秩序的那個社會的眞實畫面了。

在以往五十年中，法學思想方面至少發生了六個重要變化——它們全都

[122]

[123]

趨向於一個新的方向。

一個重要變化是堅持職能而不堅持內容，即只問法令如何發生作用和它們能否被用來取得正義的結果，而不問它們的抽象內容從抽象的意義說是否是正義的那種傾向。但是，當我們問這些問題時，我們就不能不對法律的目的進行探討。因為職能意味著為達到某種目的而行使的職能。所以近三十年以來，關於法律秩序的目的所進行的哲學討論，在法學中占有不斷擴大的地位。

第二，發生了一種轉向於強調經濟的變化，把重點放在需要上而不放在意志上，把自由的自我主張認作只是許多人類需要、要求或願望中的一種，以及把尋求最大限度地滿足需要作為重點，而不是尋求最大限度的意志自由。

第三，與對主觀的事物的強調相對比發生了一種對客觀事物的強調。例如普遍地擯棄了薩維尼的契約理論，而上一世紀的法學家們（尤其在英國）

[124]

曾謀求把這一理論與普通法緊緊結合在一起。這個理論是從意志作爲法學的中心這一觀念中產生的，因而今天人們普遍地擯棄它是很重要的。

第四，我們必須注意強調具體人的具體要求，而不是強調抽象個人的抽象意志。許多社會的、經濟的和政治的原因都促成了要求這個著重點的變化。特別促使法學家提出這樣要求的，是上一世紀後期和最近三十年來心理學的發展。在近代心理學的攻擊下，十九世紀形而上學法學意義上的「個人」以及十九世紀學說匯纂派及其在分析法學中的英國門徒們所主張的意義上的「個人意志」，如同「自然人」和「自然狀態」在上一世紀批判性哲學的攻擊下所表明的情況一樣，都成了靠不住的基礎。

第五，我們必須注意與其他各門社會科學進行合作的運動，注意將法律作爲整個社會控制過程的一部分來進行的研究。這是二十世紀社會學法學的基本點，試把這一點與十九世紀各門社會科學特有的不合作加以比較。那時，每門社會科學對任何別的社會科學的忽視，絕不是完全由於大學組織的迫切需要和要求每個學者不要涉及別人學術範圍的學術上的禮貌，這恰恰是上一世紀的精神——人人只爲自己，每門學科只管其本身。這是符合於把人類當作個人集合體的原子概念精神的，在這個集合體中，人們以最小限度的組織性，從事爲生存而進行競爭的貪得無厭的鬥爭。人們把每門學科看作如同從事這門學科的獨立和自足的個人一樣，也是獨立和自足的。

第六，我們必須注意對於把價值的尺度或準則的問題看作比法學問題更爲廣泛得多這一點的承認——即認爲價值尺度問題是各門社會科學共有的一個問題，既要在法學上這樣看待，又要在從其與法律科學一切有待解決的問題的特殊關係上去看待。不能用一種「純粹法律科學」來加以搪塞，「純粹法律科學」企圖重複英國分析法學的方法而把這一問題轉推給某門別的科學。一種拋開了法律的理想成分和關於應當有什麼樣的「應當是什麼」法令的一切考慮的空虛法理學，只是無意識地把這種成分和考慮從邊門請回來，加上有意或無意的錯誤以及當前自稱的現實主義者認爲十分重要的那種司法過程。

這一世紀還沒有過去一半，一直要到某一世紀的後半期，這一世紀特有的思想方式才能肯定地表現出來。耶林在一八八四年所寫的劃時代著作的影響，在半個世紀以後才開始在美國一般地爲人們所感受到。顯然，人們不能有把握地說，我們最後將怎樣對這一世紀各種相互競爭的和重疊的利益去進行評價。但是今後法學思想的道路的某些部分已經是清楚了，它似乎是一條通向合作理想而不是通向相互競爭的自我主張理想的道路。可是合作不能成爲一種對一個法律體系完全令人滿意的價值尺度，因爲合作是一個過程，它必須是導向某種東西的合作。我認爲這個觀念將證明是導向文明的合作觀念。但是我不能妄稱我能以同樣的把握從法律秩序的實際現象和司法活動中去得出這個觀念，好像我能從十九世紀的法律秩序的現象、司法過程和法學過程（人們完全可以這樣稱它）中去得出自由競爭的個人自我主張的理想那樣。

直到最近，從地方行政基層開始，擴展到上面聯邦政府各部，產生了一種不合作的傳統，有時等於是一種固定的習慣了。它過去是而且現在仍然是在不小的程度上明顯地表現於：同一地區的行政官員之間缺乏合作；同一地區獨立的偵查和調查機關之間缺乏合作；地方檢察官和地方法院之間經常地

[128] 缺乏合作；地方法院和地方行政官員之間發生摩擦；以及法院與法院之間，甚至同一法院裡法官與法官之間缺乏合作。再往上，在地方和州之間，過去曾產生同樣缺乏合作的情況，而且現在也還往往如此。地方檢察官、地方法院院長和地方司法官拒絕在地方上執行州法律，這種情況曾經常導致某個中央機關有撤換或建議撤換權的立法規定。地方員警機關不願或拒不執行州法律，已經常導致建立州委員會來任命和控制市員警機關的結果。州員警機關曾被要求來執行州的規章，以防止地方上的阻礙，於是州員警機關和地方警官、地方員警機關之間發生衝突的舊風氣有時就重新出現。

[129] 還有，聯邦政府的不同官署或業務部門（甚至是在同一個部之下的）之間，在企圖實施禁酒時缺乏合作，曾經十分明顯；至於行政官員、檢察機關和聯邦法院相互間不進行合作，更是司空見慣的事情。

在沒有關於中央政府的適當規定的聯邦中，州與州之間缺乏合作，這是產生我國聯邦憲法的主要原因之一。但是我國中央政府的各種權力是受限制的；而在許多已不再具有地方性的事情上，對不同於地方安全的一般安全採取不合作和漠不關心的舊態度，卻還保留著。這種態度在州和聯邦機關之間進行合作的事務上，甚至更爲明顯。州對實施聯邦州法律進行干涉，聯邦對州實施州法律進行干涉，聯邦法院和州法院之間在關於同一項財產或爭端的管轄權上的衝突，以及聯邦政府和州政府對實施另一方法律的漠不關心，所有這些都曾使一些不可思議的事情出現在我們的法律報告之中。在最近這三十年裡，在聯邦和州機關之間進行有意識的、有系統的合作這一方向上，已有了一個良好的開端。顯然，我們有了進行合作的一種日益增長的精神。但是重要的事實是，直到我們的國家已經存在了一個世紀之久，這種精神才開始成長。同樣重要的事實是，我們現在對合作所賦予的價值，是在上一世紀賦予自由的個人自我主張那種價值如此之高，以至於在我們今天看來是極其荒謬的東西，而在當時人們看來，卻不算是對官員和地方的極端獨立性付出了過高的代價的情況下出現的。

對進行合作的這種漠不關心的態度，並不限於各種政府和行政的機關。合作的觀念遠比自由的個人自我主張的傳統觀念更接近於工業的現實情況。不管怎麼說，在大企業中雇主和受雇人是進行著合作的。那種認爲他們，並引導他們自己認爲，他們彼此之間必然要而且無論如何要從事相互鬥爭的看法，完全是徒勞的。

此外，這種關於合作的觀念遠比我們用以衡量事物的競爭性的自由自我主張的觀念，更接近於今天的城市生活的現實情況。這只要問一問你自己，關於你自己居住的城市，有多少人正在放任地進行競爭，但又有多少更多的人（或許十分樸實地）正在盡他們作爲某個大聯合企業的受雇人的本分，以企業的宏偉而感到自傲，並以爲它服務來換取很像過去主僕之間那種關係中的保護？

如果合作還不是全部內容的話，那麼它也是全部內容裡很大一部分。但是我願意設想，承認合作和在各方面重新加以強調，是走向某種理想的一個步驟，這種理想在包括自由、自發的個人主動精神的同時也包括人類有組織的努力；而且我似乎看到這一理想就寓於文明的觀念之中。其實，已經有了這種徵象，二十世紀的法律（無論就那批權威性判決資料或就司法過程的意義說），二十世紀的法學思想，以及對具體的個人生活而不是對抽象的個人意志的關懷，其所涉及到的乃是與政治組織社會有區別和相對立的文明。自從宗教改革以來，政治組織社會就曾占有至高無上的地位，而且大部分保持了這種地位，這種至高無上的地位有時曾使政治組織社會顯得是一種目的而不是手段。但是萬能國家的最極端的鼓吹者們卻還不敢把事情做到這樣的地步。

一種文明的理想、一種把人類力量擴展到盡可能最高程度的思想、一種為了人類的目的對外在自然界和內在本性進行最大限度控制的理想，必須承認兩個因素來達到那種控制：一方面是自由的個人主動精神、個人自發的自我主張；另一方面是合作的、有秩序的、（如果你願意這樣說的話）組織起來的活動。如果我們想要保持對自然和本性的控制，使之前進，並流傳下去，那麼對這二者就都不應該加以忽視。近代思潮不小的成就就在於使我們擺脫了unum necessarium（唯一必要）的觀念。我們無須再相信，在我們對人類生活的畫面中，我們只能在個人的行動自由，或者合作的有組織活動這二者之中僅考慮其中的一個。我們不能被阻止去接受一個既容許有競爭也容許有合作的理想。我們不要因為承認合作是文明中的一個因素，而被迫犧牲在上一世紀由於建立了一種個人權利制度所取得的一切成就，或被迫犧牲[133]自從以保障個人自由作爲基本因素的清教徒革命以來所取得的一切成就。

在上述三種可供立法者、法院和法學家採用的評價利益的方法中，我們將能看出，第三種方法雖然曾是法學家的主要依靠，第二種方法在本世紀也廣爲人們所主張，但這兩者現在已很少有用處，而且在實際運用時遇到了困難。這是由於我們已從一種社會秩序過渡到了另一種社會秩序：在前一種社會秩序中，對它的公認理想業已形成，它的各種法律假設也爲眾所周知；在後一種社會秩序中，還沒有充分發展到能容許它制定出一個爲所有人都接受的理想（如同所有學派接受上一世紀的理想那樣），或提出我們可以確信其爲有效的各種法律假設的程度。可是法院調整關係和安排行爲的實際工作必須不斷地進行。法律秩序不能停頓下來，去等待哲學家們同意一種理想，如同他們在上一世紀所做的那樣，也不能停頓下來去等待法律專業和法院能被[134]吸引或教導接受它作爲權威性的理想。法律秩序不能停頓下來，直到社會秩序在一定期間已在一種穩定的條件下安定下來，在這種條件下，它的法律假設才能被承認和被制定出來，從這些假設中推論出來的原則才能被公認爲決定爭端的權威性指示。在此期間法院必須像過去一樣，透過經驗來發現並透過理性來發展調整關係和安排行爲的各種方式，使其在最少的阻礙和浪費的情況下給予整個利益方案以最大的效果。

索引

（頁碼爲原文書頁碼，請參照正文下[]邊碼使用）

A

Absolutism, rise of political　政治專制主義興起，96-97

Administration, effect of theories upon　各種理論對行政（官員）的影響，27

Alienation of affections, action for　在處理挑撥感情關係案件上的行動，56-58, 71

America, colonial　殖民地時代的美洲，34

Aristotle　亞里斯多德，119

Austin, John　奧斯丁，52

B

Bacon, Francis　培根，35-38, 120

Bentham, Jeremy　邊沁，55

Bramwell, Lord　布蘭韋爾勳爵，117

C

Cardozo, Mr. Justice　卡多佐法官，40

Carneades　卡涅狄斯，39

Church, law of the　教會法律，22-23

Civilization, an ideal　一種文明的理想，131-133; basis in reason　理性，33; defined　定義，132; theory of　理論，16-19; the two sides of　兩個因素，132-133
City-state, Greek　希臘城邦，18
Civil law, technique of　大陸法系的技術，42
Class struggle　階級鬥爭，12
Coke, Sir Edward　柯克，120
Collective bargaining　集體談判，115-116
Common law, technique of　普通法的技術，41-42; ultra-individualism of　極端個人主義，60-61
Comte, Auguste　孔德，6, 8
Conceptions, legal　法律的概念，47
Conduct, need of ordering　行為的安排，64-66
Constitutional limitations, skeptical view of　憲法限制，39，96
Contract, will theory of　契約，意志自由理論，123-124
Coöperation, American indifference to　合作，漠不關心，127-130; as a measure of values　成為價值尺度，126-127; as an ideal　作為一種觀念，126-132; emphasis upon today　加以強調，131
Corporative state　組合國家，12

D

Dicey, Albert Venn 戴西，110-111
Duguit, Léon 狄驥，8, 10, 12, 97-98
Durkheim, Émile 涂爾幹，8, 12
Duties, intangibleness of moral 義務，難以琢磨的道德上的，55-56

E

Economics, juristic emphasis on 法學思想上強調經濟的變化，123
Education, as an agency of social control 學校教育，社會控制的一種手段，25
Ehrlich, Eugen 埃利希，10-12
Einstein, Albert 愛因斯坦，109
Epicureanism 伊壁鳩魯主義，36-38
Epicurus 伊壁鳩魯，39
Experience, role of in law 經驗，在法律中的作用，111-112

F

Facts, difficulties of ascertaining 事實，在其確定中所包含的各種困難，54-55
Force, monopoly of by state 社會政治組織對強力的壟斷，24-25; opposition of natural law to 自然法理論反對，33; regime of as law 法律統治，15-16; reliance of legal order on 依靠法律秩

序，32-33, 107
Function, juristic emphasis on　職能，法學（思想）強調，123

G

Gény, François　蓋尼，8-9
Gierke, Otto von　祁克，11
Greek philosophy, contact of lawyers with　法學家同希臘哲學的接觸，104; in Hellenistic era　希臘化的時代，35-38; theory of the just　正義理論，83-84
Grotius, Hugo　格勞秀斯，87; theory of a right　權利理論，85

H

Hammurabi, code of　漢摩拉比法典，45
Hauriou, Maurice　奧里烏，9-10, 11-12
Hegel, G. W. F.　黑格爾，16, 31
Hobbes, Thomas　霍布斯，85-87
Hocking, W. E.　霍金，115
Holmes, Mr. Justice　霍姆斯法官，85-87, 94, 106-107
Husband and wife, law and the relation of　丈夫和妻子的關係及法律（規定），57-58, 71-72, 74

I

Ideal, the nineteenth-century America 理想，十九世紀的美國，14-16; of social order as measure of values 社會秩序作為價值尺度，118-122

Ideals, effect on application of standards 理想，適用標準的結果，44; effect on choice of starting points 各種不同出發點的結果，42-43; received from the past 從過去發展而來，121-122

Individual, Roman idea of 古羅馬的個人觀念，11-12

Individual life, social interest in 個人生活中的社會利益，77-78

Institutions, theory of 團體理論，9-10

Interests, adjustment of conflicting 利益，使各種衝突得到調整，109-112; classification of 分作，69-70; conflicts of 衝突，66-67, 73-75, 76-77, 115; defined 規定，65, 66-67, 69; delimitation of 劃定界限，79-80; how asserted 如何保障，68-69; how secured 如何保障，91-92; individual 個人，70-75; in domestic relations 在家庭關係方面，71-73; not created by law 法律並不創造，68; of personality 人格，70-71; of substance 物質，73-75; pressure of unrecognized 被拒絕承認，78-79; public 公共，75; social 社會，75-78; subtlety of infringement of 侵犯，56; valuing of 評價，9

International law 國際法，108, 120-121

Interpretation, effect of ideal element on 解釋，理想的成分的作用，43-44

J

James, William　詹姆士，1, 112
Jhering, Rudolf von　耶林，32-33, 65, 86-87, 88, 126
Judicial process　司法過程，40
Jural postulates　法律前提，81-83, 112-118
Jurisconsults, Roman　法學家，古羅馬，3
Jurisprudence, analytical　分析法學，9, 93-96; philosophical　哲學的，6-14
Juristic thought, changes in　法學思想發生變化，123-126
Jurists, historical　歷史法學家，31; metaphysical　形而上學（法學家），31; scholastic　經院主義的，30
Jury, basis of verdicts　陪審團，裁決的基礎，117; Irish, question put by　愛爾蘭，提出問題，80
Jus, as “a right”, jus　作為一個權利，85; meanings of　意義，84
Justice, effect of theories of　正義，各種理論的影響，28-29, 96-97; Kant’s formulation of　康德的表述，14; legal　法律的，14

K

Kant, Immanuel　康德，8, 10, 14
Kipling, Rudyard　吉卜林，60

L

Labor organizations　工人組織，78-79

Law, as a canon of value　法律，價值準則，49-50; as an agency of social control　社會控制的手段，20-26; as a taught tradition　教導傳統，50-51; as check on force　對強力的制約，108; as force　強力，108; as power　權力，49; as regime of keeping peace　維持和平的制度，21; as social engineering　社會控制，64-65; as specialized form of social control　專門形式的社會控制，41; as what is done officially　官員們所做的事情，39, 40; constituents of a body of　各種成分，41-44; different meanings of　不同意義，39-41; elements of　成分，2; how it secures interests　它如何保障各種利益，58-60; ideal element of　理想成分，5-6, 7, 12-16, 42-44, 118-120; imperative element of　命令性成分，3; insufficient in itself　綽綽有餘，25-26, 62; limitations on effectiveness of　對效力的限制，53-62; medieval　中世紀，13-14;nature of disputed　法律的性質，39, 41; necessity of depending on individual initiative　求助於個人的必要性，60-62; philosophical theories of　哲學理論，7-14; precept element of　法令成分，41; “pure fact of”　純粹的事實，5; technique element of　技術成分，8-9, 41-42; theories of　各種理論，49-51, 94-96; thought of as protest against wrong　對錯誤行為的抗議，62; threat theory of　威脅的理論，27-28, 93-96, 100-102; traditional element of　傳統性成分，2-3

Law and morals, as an antinomy　法律和道德之間，矛盾，38-39

Legal machinery, inapplicable to some wrongs　法律手段，不能適用於某些不良行為，56-60

Legal order　法律秩序，40; as order of force　強力的秩序，106; as order of impulse　衝動的秩

序，106; how attains its end 如何達到，65, 68; mode of functioning of 作用方式，111-113; source of authority of 權威的淵源，51-54; test of theories of 對各種（法律）理論的化驗，34; the end of the 目的，123; theories of the 理論，104-106; the task of the 任務，63-65
Legislation, arbitrary 立法，專橫的，27
Liability, insurance theory of 責任保險理論，116
Liberties 自由，89-90

M

Magna Carta,《大憲章》，102
Maine, Sir Henry 梅因，31, 52
Mark Twain 馬克．吐溫，81
Marx, Karl 馬克思，12, 93
Mistaken identity 錯誤認定，55
Morals, organization of 道德，組織，23-24

N

Natural law 自然法，3-4; sociological 社會學的，8; “with growing content” 內容正在形成，6
Neo-Scholasticism 新經院主義哲學，8-9

P

Parent and child, law as to　父母與子女關係，法律，72-73

Penang, natural law at　檳榔嶼，自然法，4

Personality, inadequacy of legal machinery to secure　人格，法律手段保障無能為力，58-60

Philosophers, give-it-up　哲學家，消極放棄，101

Philosophy, Greek　哲學，古希臘，參見 Greek philosophy

Philosophy of law, revival of　法律哲學，復興，6-14

Pilate, Pontius, on truth　彼拉多，真理，35-38

Plato　柏拉圖，18, 62, 119

Positivism　實證主義，31-32, 96-99

Powers　權力，89

Precept element, constituents of　法令成分，組成，44-49

Principles, legal, defined　原則，法律，46-47; the work of lawyers　法律工作者的工作，46-47

Privacy, right of　私人祕密權利，56

Private prosecution　私人提起的訴訟，61

Privileges　特權，90

Professors, theories of　教授，理論，1

Property and contract, legal securing of　財產和契約，法律保障，60

Psychology, Freudian　心理學，佛洛伊德，106

"Pure science of law",「純粹法律科學」，126
Puritan conception of laws 清教徒的法律概念，61-62
Puritan revolution 清教徒革命，132-133
Pyrrho 皮浪，39

R

Realism, skeptical 現實主義，懷疑論，32, 97-99
Reason, role of in law 理性，在法律中的角色，112-113
Relations, advantageous 關係，利益，73-75
Relativism, neo-Kantian 相對論，新康德主義，29; skeptical 懷疑論，38-39
Restitution of conjugal rights 恢復夫婦關係權利的訴訟，57
Right, as meaning law 權利，法律的意義，91; moral 道德的，83
Rights, as capacities,（各項）權利，能力，88-89; as inferences from threats 威脅理論的推論，39, 94-97; as secured interests 保障利益，88; Duguit on 狄驥關於，92-93; legal 法律，80-83, 86-87; legal, wider sense of 法律，廣義的，88; Marxian view of 馬克思主義的觀點，93; meaning of 意味著，80-81, 87-91; natural 自然，80, 85-86, 88, 122; skeptical views as to 懷疑論觀點，92-97; theories of,（各種）理論，83-97
Roman law 羅馬法，118; conception of rights in 權利概念，84
Rule, defined 規則，確定的，45

S

Salic law 薩利克法律，45
Savigny, F. C. von 薩維尼，31, 123
Security, as measure of values 保障，價值尺度，117-118; postulates of 前提，115
Sit-down strike 靜坐罷工，68
Skeptical realists, theory of interests 懷疑論現實主義者，利益理論，67-68
Skepticism, Greek 懷疑論，希臘，36-38
Social control 社會控制，18-20, 41; agencies of 手段，18-20, 25-26; secularizing of 世俗化，23
Social engineering, law as 社會工程，法律，64-65
Social sciences, task of 社會科學，任務，17-18; teamwork in 合作，124-125
Society, kin-organized 社會，血親組織，20-22; religious organization of 宗教組織，22-23
Sociology 社會學，6
Sociology of law 社會學法學，7
Socrates 蘇格拉底，18
Sophists, skeptical realists compared to 詭辯論者，懷疑論現實主義立場，30
Spinoza, Benedict de 斯賓諾莎，85-87
Stammler, Rudolf 施塔姆勒，7-18
Standards, application of 標準，適用，44; legal, defined 法律，確定的，47-48; legal, required

for conduct　法律，行為尺度，48-49
State, dignity of　國家，尊嚴，75; omnicompetent　萬能，62

T

Thackeray, W. M.　薩克雷，56
Theories of law, effect of,（各種）法律理論，影響，26-28
Thomas Aquinas　湯瑪斯．阿奎那，84-85
Twelve Tables　《十二銅表法》，45

V

Values, as a problem of social sciences　價値，社會科學問題，125-126; legal measure of　法律尺度，108-113, 133; practical measure of　經驗尺度，109-112, 133-134
Valuing interests, canons of　評價利益，準則，103-106
Voluntary associations, social control through　同業工會，社會控制，24

W

Westbury, Lord　韋斯特伯里勳爵，4
Will theory　意志理論，124
Workmen's compensation　工人賠償，116-117

羅斯科·龐德年表

Roscoe Pound，1870 年～ 1964 年

年代	生平記事
一八七〇年	十月二十七日出生於美國內布拉斯加州林肯市，父母親分別是史蒂芬·博斯沃思·龐德（Stephen Bosworth Pound）和勞拉·龐德（Laura Pound）。他的姐姐是著名的語言學家和民俗學家路易絲·龐德（Louise Pound）。
一八八八年	獲得內布拉斯加大學植物學學士學位。同年，撰寫一篇〈一八八八年的梣樹銹病〉（*Ash Rust in 1888*）發表在《美國自然科學家》（*The American Naturalist*）雜誌上深受好評，故被查爾斯·貝西（Charles E. Bessey）教授任命為內布拉斯加大學植物學研究室的研究助手。
一八八九年	獲得內布拉斯加大學植物學碩士學位。同年暑假，撰寫一篇〈據一八八九年夏在蘭開斯特縣的觀察，評述真菌類的經濟利益〉一文，發表在同年的《內布拉斯加州農業實驗室報告》（*Bulletin of the Agricultural Experiment Station of Nebraska*）。九月後，龐德在父親的執意下，到哈佛大學法學院學習，但未獲得法律學位。
一八九〇年	轉到西北大學法學院，在那裡讀完法律學位。同年獲得律師資格，返回內布拉斯加州開業當律師。
一八九二—一九〇三年	擔任國家植物調查主任（the director of the state botanical survey）期間，他發現了一種罕見的地衣，後來命名為玫瑰茄（Roscopoundia）。
一八九八年	完成論文〈內布拉斯加州植物地理學〉（*Phytogeography of Nebraska*），因而獲得內布拉斯加大學第一個植物學博士學位。

年代	生平記事
一八九八年	龐德畢業後的第二年，內布拉斯加大學成立了第一支足球隊。龐德去看了他們的比賽，包括他們的第一場比賽。他在學生報紙上報導並評論了球隊，同時也為球隊創作了許多歌曲，並協助建立了一個粉絲群。
一八九九年	與葛雷斯·格瑞德（Grace Gerrend）結為連理。
一八九九—一九〇七年	在內布拉斯加大學法學院任教法律，並繼續植物學研究。
一九〇〇年	幫助組織內布拉斯加州律師協會。
一九〇一年	被任命為內布拉斯加州最高法院的上訴法官，永久地將他的職業生涯轉移到了法律領域。作為專員，他擔任臨時上訴法官，幫助減少積壓案件。此時，龐德身為美國法律現實主義運動的早期領導者之一，他主張對法律進行更務實和更符合公衆利益的解釋，並關注法律程序實際上是如何發生的。
一九〇三年	被任命為內布拉斯加大學法學院院長。
一九〇五年	當時美國法學界盛行法律實證主義，美國最高法院以洛克納訴紐約案（Lochner v. New York）為代表的有關「契約自由」（free of contract）系列判例，龐德成為最有影響力的批評者。因龐德反對該運動，致使其生命的後期成了對法律現實主義的著名批判者。

年代	生平記事
一九〇六年	在聖保羅市的美國律師協會（American Bar Association）年度大會上發表演講，演講題目為〈公眾對司法不滿的原由〉（*The Causes of Popular Dissatisfaction with the Administration of Justice*），呼籲改善法院管理，並稱為「社會學法學」。這讓龐德成為社會學法學的創始人，其理論訴求在於對繼承的法律規範和傳統進行調整，以反映當代社會狀況，認為「法律必須穩定，但不能停滯不前」（The law must be stable , but it must not stand still）。同時這場經典的演講引起了西北大學法學院院長約翰．亨利．威格摩爾（John Henry Wigmore）的注意。
一九〇七年	約翰．亨利．威格摩爾邀請龐德加入西北大學法學院。龐德與學校的合作讓他組織了第一屆全國刑法和犯罪學會議（The Causes of Popular Dissatisfaction with the Administration of Justice），該會議聚集了來自各行各業的參與者，討論改革刑法的方法。這次會議是龐德首次將社會學法學付諸實踐的努力之一。同年龐德亦撰寫了〈虛假解釋〉（*Spurious Interpretation*）。
一九〇八年	成為美國第一本比較法雜誌──《美國律師協會比較法中心年度公報》（*the Annual Bulletin of the Comparative Law Bureau of the American Bar Association*）的創始編輯人員之一。
一九一〇年	在芝加哥大學執教一年。

年代	生平記事
一九一一年	龐德加入了哈佛法學院，開始在哈佛任教。由於龐德是一位羅馬法學者，擅長拉丁語，並將羅馬法翻譯成英文，作為他在課程中使用的教科書。他在內布拉斯加州、西北大學和哈佛都教授這門學科。故約瑟夫・亨利・比爾教授（Professor Joseph Henry Beale）說他「將羅馬法的精神帶到了哈佛」。
一九一四年	出版《法理學概述》（*Outlines of Lectures on Jurisprudence*）。
一九一六年	被任命為哈佛大學法學院院長，並任職至一九三六年。龐德擔任院長期間，他的觀點和影響達到了巔峰，這時法學院的註冊人數幾乎翻了一番，不過他的標準非常嚴格，以致有三分之一的被錄取者沒有獲得學位。其中不乏新政時期偉大的政治創新者。
一九二一年	出版《普通法的精神》（*The Spirit of the Common Law*）。
一九二二年	龐德（Roscoe Pound）和費利克斯・法蘭克福（Felix Frankfurter）對一九一九年一月克利夫蘭報紙上的犯罪報導進行了詳細的定量研究。他們得出的結論是，該市廣為宣傳的「犯罪浪潮」，有很大程度上是由新聞界虛構所捏造的，而這種報導卻對刑事司法的管理產生實際的影響。當時公眾認為他們正處於犯罪流行期，他們要求警方和市政府立即做出回應，但充其量是為了滿足民眾自身的需求，而不是遵守經過審判的法律程序，導致增加了許多誤判的可能性和比應有的罪行更嚴厲的判決。
一九二三－一九二四年	分別出版《法律史觀》（*Interpretation of Legal History*）與《法律與道德》（*Law and Morals*）。

年代	生平記事
一九二九年	胡佛總統（Herbert Hoover）任命龐德為威克舍姆委員會（Wickersham Commission）的十一名主要成員之一，負責與執法、犯罪活動、警察暴行和禁酒有關的問題。
一九三〇年	出版《美國刑事公正》（*Criminal Justice in America*）。
一九三四年	龐德獲得柏林大學的榮譽學位，由德國駐美國大使頒發。
一九三六年	辭去哈佛法學院院長的職務。
一九三七年	被任命為哈佛的第一位「巡迴教授職位」（roving professorships），這一任命使他能夠在哈佛退休前（一九四七年）的任何學術單位任教。
一九四〇年代	龐德顯然有意接替約翰．P．希金斯（John P. Higgins）來擔任遠東國際軍事法庭法官，該法庭正在東京進行戰爭罪審判，但任命最終並未完成。
一九四六年	龐德幫助二十二歲的查理．芒格（Charlie Munger），後來成為一名成功的商人和投資者，進入哈佛法學院。
一九四六－一九四八年	二戰後，應中華民國政府禮聘來中國考察，以重組中國的司法體系。認為中國應保持原有的羅馬法體系，並透過統一法律教育，來培養中國法律人的法律適用能力，以制定良好的法典。但因國共內戰而離開，故其改革建議未能落實。
一九四九年	加入加州大學洛杉磯分校法學院，即該法學院成立的那一年，一直擔任教職直到一九五二年。

年代	生平記事
一九五三年	受聘擔任全國索賠人賠償律師協會（NACCA，National Association of Claimants' Compensation Attorneys）法律期刊的主編。該組織是美國司法協會（AAJ，American Association for Justice）的前身。
一九五六年	龐德以他自己的名義成立了龐德民事司法研究所（the Pound Civil Justice Institute），他的使命在龐德民事司法研究所的日常工作中得以延續。
一九五九年	出版五卷本《法學》（*Jurisprudence*），是二十世紀最全面的法律著作之一。
一九六四年	六月三十日在馬薩諸塞州劍橋去世，享年九十三歲。
一九七〇年	哈佛法學院修建龐德堂以紀念龐德，現今這棟建築物為哈佛法學院的行政與教學大樓。

經典名著文庫 149

透過法律的社會控制

Social Control through Law

作　　者 —— （美）羅斯科・龐德 Roscoe Puond
譯　　者 —— 沈宗靈
發 行 人 —— 楊榮川
總 經 理 —— 楊士清
總 編 輯 —— 楊秀麗
文庫策劃 —— 楊榮川
副總編輯 —— 蘇美嬌
特約編輯 —— 謝芳澤
封面設計 —— 姚孝慈
著者繪像 —— 莊河源
出 版 者 —— 五南圖書出版股份有限公司
地　　址：台北市大安區 106 和平東路二段 339 號 4 樓
電　　話：02-27055066（代表號）
傳　　眞：02-27066100
劃撥帳號：01068953
戶　　名：五南圖書出版股份有限公司
網　　址：https://www.wunan.com.tw
電子郵件：wunan@wunan.com.tw
法律顧問 —— 林勝安律師事務所　林勝安律師
出版日期 —— 2022 年 3 月初版一刷

定　　價 —— 220 元

國家圖書館出版品預行編目資料

透過法律的社會控制 / 羅斯科 ・ 龐德 (Roscoe Pound) 著 ; 沈宗靈譯 .— 1 版 .— 臺北市 : 五南圖書出版股份有限公司 ,2022.03 印刷
面 ; 公分 . —（經典名著文庫 ； 149）
譯自 :Social control through law.
ISBN 978-626-317-339-2（平裝）
1. 法律社會學
580.1654　　110017986